Voz: expressão da vida

Ziza Fernandes

Voz: expressão da vida

Testemunhos de vida e dicas de uma voz

Dados Internacionais de Catalogação na Publicação (CIP)
(Câmara Brasileira do Livro, SP, Brasil)

Fernandes, Ziza
    Voz : expressão da vida : testemunhos de vida e
dicas de uma voz / Ziza Fernandes. — São Paulo :
Paulinas, 2005.

    Inclui CD.
    Bibliografia.
    ISBN 85-356-1585-7

    1. Canto – Instrução e estudo 2. Espiritualidade
3. Fernandes , Ziza 4. Música – Estudo e ensino 5. Voz
– Educação I. Título.

05-4560   CDD-783.007

Índice para catálogo sistemático:
    1. Voz : Treinamento : Música   783.007

Direção-geral: *Flávia Reginatto*

Editora responsável: *Celina H. Weschenfelder*

Auxiliar de edição: *Márcia Nunes*

Coordenação de revisão: *Andréia Schweitzer*

Revisão: *Ana Cecilia Mari*

Direção de arte: *Irma Cipriani*

Gerente de produção: *Felício Calegaro Neto*

Ilustrações: *Soares*

Projeto gráfico: *Telma Custódio*

Capa: *Telma Custódio,*
Cícero Gava e
Rafael Rosas
(Escritório Ziza Fernandes)

Fotos: *Carlos Martins*
(capa) e Sossela

2ª edição – 2006

Nenhuma parte desta obra poderá ser reproduzida ou transmitida
por qualquer forma e/ou quaisquer meios (eletrônico ou mecânico,
incluindo fotocópia e gravação) ou arquivada em qualquer sistema ou
banco de dados sem permissão escrita da Editora. Direitos reservados.

Paulinas
Rua Pedro de Toledo, 164
04039-000 – São Paulo – SP (Brasil)
Tel.: (11) 2125-3549 – Fax: (11) 2125-3548
http://www.paulinas.org.br – editora@paulinas.org.br
Telemarketing e SAC: 0800-7010081
© Pia Sociedade Filhas de São Paulo – São Paulo, 2005

Dedicatória

A todos os cantores e mestres, especialmente, Marcos Leite, Sira da Silva, Liane Guariente e Alexandre Malaquias, que me ensinaram o caminho da humildade por meio do estudo da música, do canto e da vida.

Aos alunos com os quais pude compartilhar cada delicadeza do caminho rumo a meu próprio coração por meio do canto. Quando vocês cantam, minha alma descansa, segura de que fez a melhor escolha da vida…

Aos amigos dos meus segredos, que conhecem minha alma como a palma de suas mãos, respeitam minhas fraquezas, me tratam com amor celestial e nunca se conformam com menos do que eu posso ser.

À minha família, que me deu o berço de meu canto: a fé.

Aos amigos cantores: depois do canto, só Deus…

Agradecimentos

Ao Escritório Ziza Fernandes. Se Deus me estende as mãos, é sempre pelas mãos desse grupo.

À Madreterna – Arte e Vida, onde dedico minha arte e minha vida e ensaio minha dança da existência.

À amada Polyana Demori, amiga de missão, exemplo de talento e companheirismo.

A Mariana Brant, Karla Fioravante, pe. Joãozinho, scj, Eugênio Jorge e pe. Fábio de Melo, scj, pelo carinho com que receberam este projeto.

A Deus, que me apresenta novas loucuras neste coração aventureiro, que se atreve a acreditar na vida, na Palavra, no dom da verdade e na música.

Apresentação

De onde vem a voz dessa mulher mandona, que tem cara de menina chorona? Não sei. Talvez a raiz do grito esteja na contradição que a gerou tão autêntica. Lá, no silêncio das noites frias, no despreparo da infância, na vida desarrumada pela força das inseguranças.

Com olhos arregalados e nó na garganta, a menina assustada registrava nas pautas da alma uma seqüência harmônica triste, que, se fosse feito dela uma partitura, certamente resultaria numa peça em dó menor para um quarteto de cordas. Debaixo dos cobertores, ali, naquele quarto de menina pobre, uma riqueza superior era, pouco a pouco, incorporada sem saber. O sussurro da voz, a canção de ninar solidão, os dedinhos da mão desbravando o escuro, o medo. Tudo se tornou parte de um mosaico que hoje nos desperta o fascínio.

Ziza é uma abreviação simples, mas não simplória, de uma existência rara. É um nome curto que condensa a história de uma mulher que já nasceu dissonante. Dona de uma voz calejada de tantos poemas e estradas, essa menina descobriu a arte de cantar a verdade fundamental, mesmo quando a voz é projetada em regiões de falsetes. É nessa aparente contradição, nessa mistura saborosa de falso e verdadeiro, que seu encanto sobrevive. A suavidade da voz não oculta a dureza da vida, mas a reveste de uma harmonia saudável, que me faz recordar as manhãs ensolaradas de domingo.

A voz só pode ser expressão da vida à medida que reconcilia, no mesmo som, as variações de médios, graves e agudos, já que a vida é sempre uma passagem por estações distintas.

A arte tem a teimosia de nascer nas contradições. Talvez seja por isso que, à arte, cabe o ofício de reconciliar os contrários, desvelar a beleza abscôndita no trágico, revelar a beleza dos avessos, atenuar os absurdos e intuir o sorriso que a dor prepara. É ressurreição diária, desenhos de retas que se desdobram em círculos pela força da ilusão. Justamente por isso essa mulher mandona, que tem cara de menina chorona, nos faz intuir ao nos ensinar a usar a voz.

Quem não se prender ao horizonte prático que esta obra propõe, em primeira instância, certamente desvelará, com agradável surpresa, o segredo da menina que eu costumo chamar de Zizinha. As noites em que ela chorava sozinha debaixo dos cobertores lhe renderam uma sabedoria incomensurável.

Aproxime-se desta obra tal qual você se aproximaria de um quarto, em que porventura houvesse uma criança chorando. Fique curioso, ouça o choro e tente desvendar as razões que nele estão ocultas. Pegue essa menina no colo e deixe que ela lhe conte o que a fez chorar. Tenho certeza de que depois da leitura deste livro você não será mais o mesmo. Ou porque aprendeu a usar a voz, ou porque aprendeu a consolar as crianças.

É isso. O resto eu não sei dizer.

Com carinho,

PE. FÁBIO DE MELO, SCJ

Introdução

Feliz aquele que vive inteiramente unido e abandonado à vontade de Deus.
Não fica orgulhoso com seus sucessos, nem fica desanimado com os fracassos,
pois sabe que tudo vem da mesma mão de Deus.
SANTO AFONSO DE LIGÓRIO

Há vários anos o sonho deste livro está guardado em meu coração e vem sendo gerado no segredo do meu computador. Nesses anos de trabalho como cantora, compositora, professora, musicoterapeuta, locutora e outras coisinhas mais, conheci um pouquinho mais sobre o mundo da voz: seus segredos tão preciosos e suas limitações.

A descoberta de minha própria voz foi o caminho que Deus escolheu para me tornar, com sua graça e misericórdia, uma pessoa melhor a cada dia. Sigo nesta luta e procuro perseguir o melhor de mim para oferecer a meu amado Senhor. Nessa estrada de construção, encontrei o mesmo pedido em vários rostos deste país: "E o livro de voz, quando sai? Ainda não?". Comecei a prestar atenção aos recados divinos nesses rostos amigos e comecei a sonhar com os olhos abertos.

Feito criança que sai de viagem e começa a tentar desenhar em seu caderno de aventuras as coisas bonitas que vê pelo caminho, eu me atrevo a traçar aqui o desenho da vida em palavras, para tentar compartilhar com você as belezas e os ensinamentos que me visitaram nesta verdadeira viagem ao mundo da voz. Um mundo de muitas surpresas, autoconhecimento, humildade, conversão, muito amor e encontro face a face com Deus.

Voz: expressão da vida é uma proposta ousada e divertida, que mescla partilha de minha vida, formação técnica da voz e espiritualidade que trago comigo. O livro passa por lugares nunca visitados e traz novidades sobre produção e técnica vocais, psicologia da voz e seus desafios emocionais, musicalidade no âmbito de nossa Igreja e espiritualidade de uma pessoa que gosta de cantar, que culmina num belíssimo CD didático, em que cantaremos juntos alguns exercícios, música a vozes acompanhada das partituras e uma canção inédita, também a vozes.

Convido você a tomar um café comigo na cozinha da minha casa, para falar da vida e dos toques sagrados que há em nossa própria voz e cantar um pouco, permitindo que a novidade do céu se aproxime.

Bem-vindo a esse mistério maravilhoso que mora em nosso próprio rosto!

A AUTORA

Capítulo 1

Estudar canto é uma opção de amor

É salutar fazer, propositalmente, o que não gosto.
Santa Teresa de Jesus

Há fatos e fotografias de minha vida que ficaram guardados em mim para sempre e, de vez em quando, aparecem na estante das lembranças. Cada vez que a emoção me surpreende, percebo em qual repartição da estante esse pedaço da vida está. Às vezes me sinto insegura e começo a duvidar daquilo que eu pensei já ter vencido. Mas me lembro de que em minha estante pessoal há um outro lado, muito maior que o primeiro, que me carrega e impulsiona na esperança. Esperança. Santa palavra. Percebemos seus sinais nas pequenas coisas da vida.

Tenho nitidamente guardado, em minha memória auditiva e afetiva, em minha estante de lembranças boas, o ambiente acolhedor e desafiador de uma sala de estudo de canto: uma mesa pequena e baixa, de cor verde-água, mesinhas encostadas nas paredes da sala, que ficava no último andar dos três existentes em uma velha casa de madeira, e um grande espelho na parede, local em que cada dia temia chegar. Espelho é porta. Assusta. Não sei quem pode entrar daqui para lá ou quem sai de lá para cá. Só sei que esse ambiente foi o escolhido para iniciar de novo a vida. Um lugar onde esmerilhamos a nós mesmos, e o próprio Deus ali se faz presente, direcionando o trabalho musical e espiritual, na sabedoria do professor. E que professor!

Em Curitiba, numa tarde muito especial, voltando do fonoaudiólogo, no qual eu estava em tratamento há tempos, fui procurar uma professora

Voz: expressão da vida | 13 |

muito conhecida por seus dotes de "fada madrinha": uma maravilhosa senhora com mais de 70 anos em cuja face estampava alegria, o que fazia que sua voz se parecesse com a de uma menina de 15! Acredito que seu coração realmente tinha 15 anos. Agora parece que tem 10.

Nessa época, foram diagnosticados nódulos fibróticos e fenda em ampulheta em minhas pregas vocais. Após alguns anos de fonoterapia, só me restaria a intervenção cirúrgica para solucionar o problema. Mas o interessante é que cheguei à sala dessa professora com minhas fitas de *videolaringoestroboscopia*, que assinavam meu atestado de incompetência vocal. Mostrei-lhe as fitas. Ela me recebeu com uma doçura indescritível, muito parecida com a ternura de Maria, transmitindo-me força para aquilo que ainda não tinha tentado fazer.

Deus sempre usa meios para falar conosco. Comigo sempre é assim, ele se apresenta numa estrada interessante de ser trilhada, mas nunca tenho tudo pronto. Deus nunca foi imediato comigo. Ele tem um jeito meio brejeiro, meio caipira. Fala sempre de sementes, de terra, de árvores. De coisas lindas, mas que demoram a crescer. Assim foi naquele dia especial, escondido na doce voz de d. Sira. Ela me disse com toda a convicção, convicção que eu, mesmo crendo que Deus poderia fazer um milagre, nunca tive: "Você não tem nada, menina! Você não tem nada!". Guardou minha fita de vídeo embaixo da mesa verde-água, escondida, lacrada. Nunca mais assisti àquela fita. Nem sei aonde foi parar. Sumiu.

De acordo com a Palavra de Deus, não se deve esconder a luz de uma vela embaixo da cama. Mas há coisas que convêm ser guardadas onde já é o seu lugar, antes que acreditemos que a escuridão vale mais que a própria luz.

Fui chamada para fora, fui chamada a ressuscitar, como Lázaro quando voltou a ver a luz do sol. Fui chamada para a luz! Aquela frase "Você não tem nada, menina! Você não tem nada!" ressoou em meus ouvidos, não sei se por alegria ou medo, mas dei crédito ao que ouvi. A única coisa que disse à senhora foi que eu não sabia de mais nada, como sempre me sinto quando vejo Deus agindo sobre mim. Acrescentei que queria começar da estaca zero, ou seja, aprender tudo de novo. Foi a melhor coisa que fiz na vida: começar tudo de novo.

Começamos a "viver" a fisiologia da voz, porque uma aula de d. Sira não era mera aquisição de conhecimento, mas sim de vida. Tornava-se impossível sair de suas aulas sem uma vontade maravilhosa de viver e de acreditar em Deus! Era um momento ressuscitador!

Assim trabalhamos por anos. Percebi que, por meio dela, Deus me daria a graça e o direito de construir minha voz novamente. Fui percebendo que Ele acreditava em mim, muito além de minhas limitações, muito além de minha situação física. Aos poucos, meu coração se fortaleceu. Estava voltando à vida! Não sei o que mais nos modifica: acreditar em Deus ou em nós mesmos. Parece sempre que um leva ao outro. A cada dia d. Sira me ensinava a vida. Uma voz sem vida é uma existência que não assumiu a própria voz.

Aprendi que a pessoa que canta tem o dever de se dar a cada segundo de som cantado e que cantar é ter em mãos a graça de se doar sem voltar atrás. Como o Evangelho diz: "Quem tem posto a mão no arado não olha mais para trás" (cf. Lc 9,62). Não posso tomar minha voz de volta. Aprendi também a ser desapegada de minha própria voz. Quanto mais me desprendo dela, mais posso cantar e contar com a voz, que não me falha mais.

Só um coração desapegado aprende a cantar com toda a profundidade que esse ministério oferece. A liberdade é o perfume de uma bela voz. E ela começa no silêncio. Por ter vivido uma experiência linda, válida ao extremo e única em minha vida, resolvi colocar no papel um pouquinho do que aprendi com cada testemunho sobre esta amiga chamada voz.

Desejo que você, ao conhecer esses pequenos testemunhos e dicas, possa perceber que cantar é uma graça. É um privilégio doar-se a Deus e aos outros por um caminho tão simples. Um privilégio divino, como fazer arroz em casa, na panela da mãe...

Capítulo 2

Voz é expressão da vida

Quando o querer é completo, o trabalho se torna um lazer.
SANTO AGOSTINHO

Cantar é "tocar", é vibrar com a vida através do corpo, como se este fosse o instrumento pelo qual o sentimento humano mais bonito se expressa. Ter vibração pela vida é algo muito simples, porém criamos dificuldades quando queremos fazer tudo rápido, desconhecendo que a beleza não está no fim de cada coisa, mas no caminho.

A voz não se produz de um dia para outro... É um resultado, uma soma, uma adição de uma atitude, uma conduta, uma disciplina e um conhecimento amoroso do próprio corpo; em resumo, faz parte de um processo interminável de conquista e aperfeiçoamento, como a própria vida.

Moramos numa casa que se chama "corpo", onde é produzida nossa voz e pouco ou nada sabemos sobre ele. Somos uma casa que realiza milagres a cada segundo e mesmo assim não a conhecemos. Cantar também é um caminho para o conhecimento do corpo, o que nos impede de sermos influenciados somente pelos instintos, que empurram a voz para fora.

Estudar canto é isso: conhecer os impulsos que nos levam a cantar sem pensar muito, desenvolver a capacidade de canalizar emoções e ganhar consciência da força dessa arma de comunicação. É uma prova de dedicação e amor ao ministério que Deus nos confiou, tornando-se uma opção para toda a vida, pois modificamos nosso canto à medida que vamos nos conhecendo e crescendo em graça e sabedoria diante de Deus.

Cantar também é um fenômeno orgânico. O cantor deve ter plena consciência dos movimentos e comandos que envia aos órgãos vocais com a ajuda de seu melhor juiz, o ouvido, e ser capaz de colocá-los à vontade uns com os outros. Se faltar o menor cuidado, a qualidade do canto será prejudicada, produzindo uma voz imperfeita.

Deus nos abençoa com a graça de nosso corpo, para que possamos colocá-lo a serviço integral do Reino, assim como a nossa voz, impedindo a realização de uma atitude mesquinha diante da realidade maravilhosa, que é a oportunidade de entrar nesse universo sonoro.

Quando caminhamos, mal podemos sentir o trabalho de músculos, nervos, tendões, ligamentos e cartilagens. Também não sentimos as pregas vocais, que regulam a produção vocal. Faz parte de nossa cultura estabelecer que cantores não estudam, pois, para cantar, isso é desnecessário. É preciso mudar esse pensamento.

Em nosso corpo, há por volta de 500 músculos. Quando emitimos um som, aproximadamente 200 deles trabalham para que ele seja realizado. Ao cantar, temos uma visão mínima de uma grande formação invisível. Temos bons motivos para usar esse aparato com sabedoria, poupando os músculos para não sobrecarregá-los. Precisamos deles por toda a vida!

Apesar disso, nós, cantores, somos chamados a ter uma atitude de doação de nossa voz por meio de nosso próprio corpo. A voz deixa de ser nossa quando cantamos... Mas precisamos conhecê-la profundamente para saber o que estamos doando.

Estudar e conhecer de perto nossa limitação é permitir que Deus nos cure e nos mostre um novo e simples caminho rumo à santidade. Santa Teresinha dizia que "o menor caminho até o céu é o de fazer-se pequena". E por que não pela voz? Fazer-se pequeno cantando é dar atenção ao essencial.

Ser amigo de nossa própria voz é chegar mais perto de nós mesmos e ver que ali vive o coração de Deus. Cantar é trazer o coração de Deus pulsante em nós no exato momento em que nos doamos pelo sopro sonorizado. Cantar é se doar sem medidas, até perceber que tudo o que damos recebemos de volta, no momento em que menos esperamos.

Capítulo 3

A imagem que tenho de mim quando canto

Todos os danos provêm de não nos conhecermos devidamente.
SANTA TERESA DE JESUS

anto desde criança. Enquanto minha mãe lavava as calçadas sujas de terra vermelha de nossa rua, eu colocava em bom e alto som o disco da trilha sonora do filme *Grease*. Os "embalos de sábado" eram o suficiente para a alegria do resto da semana. Eu delirava quando escorregava na calçada no mesmo ritmo da música e, a partir de então, nasceu a tentativa de organizar dentro de mim o que vinha de fora, e também externar o que eu tinha por dentro. E soltava a voz! Aproveitava quando não tinha ninguém por perto e me sentia a própria "Olívia". Coisa de criança, mas que dá futuro.

Há muitos cantores que são apaixonados pela própria voz, mas não lhe dispensam os cuidados necessários para mantê-la afinada. Sempre procuro ver a voz como uma vela a ser consumida aos poucos: quanto mais cuido dela, mais a tenho, quanto mais a movimento erroneamente, menos luz me dará. Mas sempre soube que ela não é perene.

A vela é o corpo. Conhecê-lo e escutá-lo é um passo de sabedoria, desde que minha decisão e escolha sejam pelo bem e pelo céu, no caminho que a Igreja me convida. Na maioria das vezes, o cantor não tem consciência corporal do que está realizando enquanto canta. Prefere cantar emocionalmente, sem domínio da técnica. Saber dá trabalho.

Existem cantores que não sabem dosar esforços, nem ter prudência com o uso da voz, como cantar um dia seguido do outro, possibilitando a perda de sua qualidade. A impulsividade expressa na voz é reveladora quando estamos dispostos a enxergar que cantar não é o fim, mas o caminho.

Para ter consciência do trabalho realizado durante a emissão da voz, é necessário ter conhecimento das partes que integram o corpo. Sentir o próprio corpo – descobrir um pouco mais do templo que carrega riquezas em vasos de barro. Por isso vamos dedicar um espaço deste livro para nos conhecer um pouquinho mais por dentro, o que nos levará a dominar um pouco mais o que produzimos.

Temos a propensão de formar uma imagem ruim de nós mesmos. Não tendemos naturalmente para o bem, temos que optar decididamente por ele. Formamos nossa auto-imagem com base na opinião de outras pessoas, levando em consideração principalmente as críticas negativas. Assim fica difícil amar a própria voz se consideramos a opinião dos outros mais importante. Geralmente, temos uma imagem má, feia e deformada do nosso corpo. Imagine o que resta para a pobre voz.

Não há como o cantor esconder o corpo e mostrar só a voz. Principalmente porque o corpo é transparente e jamais mente. É preciso haver uma harmonia entre o corpo e a voz, pois é visível quando esta canta algo e o corpo "grita" outra coisa. Por isso posso dizer com segurança que uma vida casta carrega uma voz inigualável.

É muito importante gostarmos de nossa imagem pessoal, para aceitarmos nossas limitações. Se nos permitirmos ser amados por Deus e pelos irmãos, teremos força para gostar de nós mesmos.

Minha voz sempre vai ser um reflexo da relação, confiança e respeito que tenho por mim mesma. Pensando e direcionando os estudos dessa maneira, poderemos usar nosso corpo por completo, mesmo em atividades que exigem expressão corporal e facial. Assim, seremos mais verdadeiros... Lembre-se: a voz mais bonita é sempre a mais verdadeira e mais livre. Investir no conhecimento do corpo é investir na voz, e isso é caminho de crescimento para a vida!

Capítulo 4

Vaidade é algo estranho...

Se te escondes por medo dos espectadores, nunca terás imitadores.
SANTO AGOSTINHO

Falar de imagem e corpo diz respeito à nossa velha amiga vaidade. O mundo de hoje, e talvez o de ontem também, mudou o foco que mais interessava ao homem: o foco do interior. Na ausência do recheio, supervaloriza-se a casca e dá-se um jeito para que, toda semana, haja uma matéria nova na revista que fale sempre da mesma coisa: como manter o corpo e perder a consciência. Paciência. Diante disso, é importante preservar o que nos interessa de verdade e usar os pára-brisas da consciência para que não desfoquemos nossa intenção neste mundo.

Sempre pensei que vaidade fosse excesso de orgulho e supervalorização de algo ou de alguma área da vida que merecesse atenção especial. Imaginava que uma pessoa vaidosa gostasse de se expor, de exibir alguma coisa que tivesse mais do que as outras, fazendo disso uma oportunidade de se mostrar mais importante.

Assim, com essa mentalidade, entrei no serviço musical da Igreja: com medo de aparecer. Às vezes, ficamos com medo do que mais queremos e passamos a vida inteira fingindo por não ter a coragem de enfrentar-nos e administrar com santidade e inteligência um sonho.

Procurava prestar atenção em quem aparecia demais para saber como eu não deveria ser, pois via que essas pessoas sempre geravam confusão e inveja. Mal sabia que o Senhor já tinha reservado um lugar "ao sol" para minha vida.

Um lugar onde ele pudesse queimar todo o desnecessário e inútil que eu carregava em minha cabecinha oca. Aparecer, na visão divina, sob o olhar inteligente e risonho de Deus, é desaparecer para a gente mesmo.

Por um tempo, participei como tecladista da banda *Taus*, de Franca (SP). O fato de ficar atrás de um instrumento transmitia-me segurança e privacidade. Eu não precisava falar nem me expor, pois ficava escondida. Era menos comprometedor e mais cômodo. Doce ilusão pensar que de Deus se esconde alguma coisa.

Na banda, havia outras vozes que eu admirava muito. Às vezes, percebo que, quando não tenho a coragem de assumir um chamado, admiro exageradamente os outros para impedir que haja espaço para mim. Posso denominar isso de fuga da responsabilidade de ser eu mesma. Admirava muito os demais para omitir que eu queria fazer a mesma coisa, mas não me sentia capaz. Escondia meu corpo e minha vida, por medo de assumir os dons que Deus havia me dado. Mas, nessa hora, Deus é Deus. A verdade sempre é luz.

Meus amigos foram a mão de Deus que elevou a vela dos meus dons, que estava escondida embaixo da cama da minha vergonha. Eles me exigiam, me incentivavam, não se contentavam com desculpas e justificativas sem fundamento. Levavam-me para o olhar transformador e arriscado de Deus.

Fui me rendendo aos poucos. Tinha vergonha de mostrar minhas canções, quanto mais cantá-las. Preferia que outras pessoas as interpretassem, pois nos festivais da minha cidade, onde todos me conheciam e minha terra era a mesma de todo mundo, era mais fácil acreditar nos outros do que em mim. Era uma imagem distorcida e vaidosa que me guiava, pois não sei o que é pior: quem se mostra demais ou quem se mostra de menos. Revela-se vaidade nos dois casos.

Aprendi que pobreza é assumir o dom com o preço que for exigido. Admitir tudo o que sei e tudo o que não sei significa deixar meu coração livre e minha mente decidida para servir.

Não tive escolha. Fui forçada a crescer pela própria vida. Graças a Deus, tive amigos que nunca desistiram de mim. Amigos de verdade nunca desistem. Aprendi e ainda aprendo aos poucos o lugar da música, da iniciativa e da servidão. A música por si só sempre me leva exageradamente ao centro de mim mesma, em direção a meus prazeres e gostos. Aí se perde o foco da servidão. Quero ser servida e não servir, além de cantar com a voz o que o corpo também estiver cantando. Se não conheço o corpo, não domino a voz. E se não domino a voz, estou dividida. Essa é uma grande dificuldade na vida de um cantor, pois isso só revela que ele não sabe o que quer, muito menos aonde quer chegar.

Capítulo 5

Musicalidade na vida de um cantor

Nada te deve angustiar, nada assustar, tudo passa. Só Deus permanece o mesmo.
A paciência tudo alcança. A quem Deus possui nada lhe falta. Deus só basta.
SANTA TERESA DE JESUS

Já li, vi e ouvi muitas maneiras de aprender a cantar, mas nenhuma delas me convenceu mais do que a lição da própria vida. Minha mãe, quando faz arroz antes do almoço, primeiro espalha os grãos na mesa, para tirar todos os quebrados e estragados. Após lavar o arroz, coloca água para esquentar, enquanto cuida do óleo e tempero caseiro, que ela mesma prepara, para fritar os grãos, antes de serem cozidos.

Aqui entra a parte mais difícil de fazer arroz. Ela coloca água fervente no arroz e espera que ele cozinhe. Saber o ponto é o mais difícil. Às vezes, a água é pouca e no meio do cozimento é necessário pôr um pouco mais. Se o tempero for muito, então batatas grandes são colocadas no arroz para suavizá-lo. Coisa de gente grande que ajuda gente pequena.

Assim vejo a cultura musical dos cantores de hoje. É difícil ver um cantor que saiba selecionar os "grãos". Ouvimos qualquer coisa. Aceitamos qualquer letra. No final, o arroz fica cheio de manchas pretas, pois não escolhemos bem na hora da seleção. Não tivemos a paciência necessária para dizer sim ou não.

Selecionar uma boa música é pensar no "estômago auditivo". Não só o que faz bem aos ouvidos faz bem à cabeça, à nossa formação integral. Somos o que pensamos, e pensamos o que lemos e ouvimos. Com a propensão de que os músicos ouvem mais música do que lêem livros, fica difícil esperar uma música católica de qualidade musical e principalmente com um bom conteúdo, pois os grãos foram mal selecionados. Misturou-se o preto no branco. A beleza ficou perdida na preguiça e na auto-suficiência.

Pela audição, formamos uma predisposição cultural, seja sonora, seja literária. É mais fácil dizer não a tudo do que se colocar à disposição de Deus e aprender de sua própria sabedoria. Pois tudo o que Deus fez é bom, mas nem sempre optamos por isso. É pela escuta atenta que a voz pode ser captada, percebida, compreendida e finalmente reproduzida. A audição promove o conhecimento das sensações corporais, chamadas de proprioceptivas, proporcionando-nos os meios de controlar e emitir bem a voz.

Só cantamos bem se ouvimos bem. Só aprendi a fazer arroz vendo minha mãe preparando-o todo dia. Cada vez que passava um grão preto, ela me parava no caminho até o fogão e me dizia: "Esse arroz está malfeito". Nem o havia colocado no fogo. É que a intenção já estava comprometida desde o início. E o que começa preguiçoso, nem tem fim, porque não teve começo.

É importante falar da diferença entre audição fisiologicamente perfeita e o que chamamos de "ouvido musical". Uma pessoa pode possuir um excelente órgão auditivo em todos os níveis e não conseguir emitir nem sequer um som afinado, apesar de tentar conscientemente. Um ouvido musical nasce de uma história musical, de uma dedicação constante. Nasce de escolher bem os grãos antes de colocá-los na panela com o óleo, pois aí já começou a missão. Um cantor sem musicalidade é o mesmo que um arroz sem tempero: não dá gosto de apreciar.

Capítulo 6

Ingredientes para estimular a musicalidade de um cantor

Faze a tua parte se queres que Deus faça a sua.
SANTO AGOSTINHO

A musicalidade de um cantor também inclui elementos importantes, que levam tempo para serem adquiridos. Só com a disciplina de uma intensa escuta musical e de pesquisa é que se adquire *sentido rítmico*.

Já o *ouvido melódico* é como o tempero. Poucos sons são emitidos sobre várias notas que formam a harmonia. Mas é preciso tempo para aprender a temperar o arroz, assim como observação e escuta para ter uma emissão melódica afinada e segura.

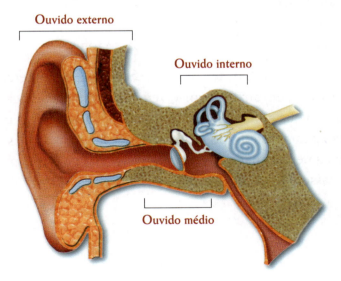

Fazer tudo ao mesmo tempo: esquentar água, colocar a panela no fogo, colocar óleo e tempero e mexer até o ponto certo, enquanto se lava o arroz para ser cozido; sempre com atenção, calma e disciplina. Assim é a vida harmônica no ouvido de um cantor. Expressa segurança e muito tempo de observação. Administrar bem um *ouvido harmônico* significa ouvir os irmãos. É difícil ouvir vários sons ao mesmo tempo se você não escuta a voz dos irmãos, que falam um de cada vez. A percepção da harmonia nos enobrece e nos converte. É humilhante e necessário. Senão, queimamos o arroz...

Depois de ter administrado tantas informações internamente, é preciso *inteligência musical* para assimilar tudo com humildade e colocar cada coisa em seu lugar, pois não valemos pelo que sabemos, mas pelo que somos. De que vale saber cozinhar muitos pratos se não se tem para quem cozinhar? Para trabalhar com música na Igreja de forma inteligente, é preciso escuta, silêncio e percepção do vento. Vento do Espírito que sempre sopra sobre nós suas novidades. Inteligência musical não é só saber a boa música, mas ser uma boa pessoa apesar daquilo que conhece.

Por último, o que torna um ouvido respeitável é a *memória musical*. Preciso me lembrar dos passos do arroz, para tentar chegar ao sabor delicioso que só minha mãe conseguia dar. Só depois de muitas tentativas é que posso até superá-la. Mas isso não é o mais importante. Mesmo sem o seu delicioso sabor, não posso me esquecer de como se faz o arroz e de cada passo que me foi ensinado. Senão, passo fome.

Assim é a música. Uns tentam esquecer o que aprenderam e sempre estão em busca de um arroz novo. Vivem na tentativa e nunca enraízam e documentam o que aprenderam. É por isso que nossa Igreja carece tanto de formação para músicos, pois os que temos falam muito, estudam pouco e não documentam nada. Precisamos da receita do arroz, para prepará-lo passo a passo. Depois do arroz vamos à mistura.

Capítulo 7

Por que alguns cantores sempre cantam do mesmo jeito?

O verdadeiro mestre está sempre disposto a ser corrigido.
SANTO AGOSTINHO

Vários fatores orgânicos, congênitos ou adquiridos, psicológicos e ambientais interferem no desenvolvimento da musicalidade. Como conseqüência, ocorrem diminuição parcial da audição, seqüelas de enfermidades, falta de estimulação sonora na primeira infância, timidez, renúncia, como também a inibição de participar de grupos por temor do estigma de ser desafinado, produzindo, assim, um círculo vicioso.

Muitas realidades podem explicar por que não sabemos "fazer um arrozinho" como todo mundo faz. Mas é preciso auto-aceitação, cura interior e coragem para desafiar a própria formação musical recebida, enfrentando os traumas que emergem enquanto seguimos a estrada do cantar. Dar atenção ao ouvido é reeducar o coração.

Há muitas pessoas que possuem uma pedra preciosa: timbres vocais maravilhosos e brutos, entretanto não lhes dão o devido valor. Arroz sem sal. Pessoas que só querem o produto final: arroz cru com um bom tempero.

Acredito no cantor que não tem medo de ouvir a si mesmo ou, mesmo com medo, se escuta, para se dar o direito de ser corrigido e, assim, melhorar a cada dia. Cantor que pergunta: "Como está o arroz, bom?", esse, sim, cresce! Conheço cantores que não escutam música. É quase impossível ter uma bela voz se não houver disciplina auditivo-vocal, *musicoteca* interior, se podemos dizer assim. Não falo de simplesmente escutar boa música. Isso também! Mas escutar vozes que sejam didaticamente indicadas para a voz que está sendo formada e trabalhada. Um ouvido de pesquisa é imprescindível em uma Igreja que carece de qualidade e originalidade.

Aprendemos o novo da criação vocal ouvindo atentamente outros e descobrindo, assim, nossa própria capacidade de criação. Não podemos levar ninguém aonde ainda não chegamos, não podemos cantar aquilo que nunca escutamos. Não posso fazer o arroz da sua mãe, pois só aprendi o arroz da minha...

Felizes os agraciados ouvidos dos compositores, que escutam dentro de si novas músicas e ainda assim ouvem a paisagem musical que emerge deles, resultando em composições com características específicas a cada um. Mas podemos ouvir e cantar melhor! Nosso arroz pode ser diferente. Não existe um bom cantor sem um bom ouvido, pois a audição e, principalmente, a percepção musical são as principais armas na execução de uma boa voz.

Quem não escuta não canta. Quem não canta passa fome.

Capítulo 8

Musicalidade: andando em boa companhia

Onde reina a amizade não existe necessidade.
SANTO AGOSTINHO

Todas as pessoas que vêm à minha pequena casa se surpreendem com minha paixão pela música expressa em meus CDs. Tenho muitos títulos que ninguém imagina que os ouço. São segredos de cozinheira. Quando paro para escrever ou rezar, sempre ponho um CD para me acompanhar ou para me conduzir até onde não consigo ir sozinha. Ouvir uma música significa deixar o cantor me levar até onde ele está indo com aquela canção, é dar passos dentro de minha vida interior e deixar que aquela voz ou melodia me leve.

Desde criança, minha mãe e meu pai sempre diziam para eu não andar com estranhos, pois era perigoso. Minha pequena cabeça voava, pois eu não entendia muito o sentido do perigo. O estranho tinha mãos para me ajudar, pernas para andar comigo, olhos para me guiar. Qual problema haveria? Assim é ouvir uma música sem indicação ou confiança: andar com um estranho. Parece exagero, mas ouço as dicas de meus amigos. Obedecendo à voz materna e paterna que me guia, escolho os corações que entram em minha vida interior e que tipo de pensamentos podem visitar os meus.

Não acredito muito em gosto musical, mas em uma escolha inteligente e construtiva, pois os gostos revelam mais resistências que escolhas. Mais impulsividade que pensamento. Sou uma pessoa que ouve todos os tipos de música, mas nem todas me equilibram e me levam para o melhor lugar de mim. Inicia-se aí o processo de seleção do arroz: o que entra ou não em minha pequena casa de escuta interior.

Já disse que somos o que pensamos. Com isso, acabo sendo o que escuto, porque, para mim, a letra é mais importante que a melodia no que diz respeito à minha formação intelectual e musical. Não escolho um grão de arroz por ser mais bonito que outro, mas porque um me faz mal e outro não.

Quando estou na etapa da pré-produção de um CD, faço uma pesquisa sobre trabalhos musicais que traduzem um pouco daquilo que o próprio Deus já revelou a meu coração: o fio de ouro do CD. Procuro ouvir o que quero ser. Sei que isso é muito difícil e perigoso, mas é quase inconsciente. Gostamos daquilo que desejaríamos ser. Buscamos modelos.

Ouço vozes femininas de todo o mundo. Hoje mesmo, pela manhã, saí de casa escutando uma cantora erudita muito boa, ainda adolescente. Como me impressionou aquela voz: timbre de menina com voz de mulher, maravilhoso e assustador. Revelava exatamente o que eu não gostaria de ter: um coração dividido. Meio menina, meio mulher.

Sempre que ouço um CD, fico a imaginar a vida da pessoa e procuro descobri-la em sua expressão: sua maneira de articular, sua dinâmica. Há CDs que ouvi somente a primeira música, e eles nunca mais saíram da prateleira para o aparelho de som. Há outros que já riscaram, pois a fonte era inesgotável. Cada vez que escuto, gosto mais. Então, seleciono os grãos da minha prateleira de CDs, porque assim eu quero ser. Um coração indivisível, inteiro, que deseja uma coisa só.

Capítulo 9

Dicas para melhorar a musicalidade

Sou bom mestre enquanto continuo sendo um aluno.
Santo Agostinho

A seguir, estão relacionadas algumas dicas muito práticas, que, se forem seguidas com dedicação, podem ser muito úteis para adquirir um ouvido musical e começar a estruturar uma boa voz:

- Procurar fazer alongamento e relaxamento corporal, individualmente ou em dupla. É interessante realizá-los em família.

- Exercitar a expressão facial diariamente. Fazer caretas diante do espelho, sorrir...

- Observar e sentir as partes do corpo que são pouco utilizadas; geralmente, os cantores não prestam atenção nos lábios, nariz e sobrancelha.

- Ouvir música diariamente, não somente para aliviar as tensões, mas também para descansar, inclusive antes de dormir.

- Pôr música nos momentos em que sua atenção esteja voltada para um real exercício de audição, isso é importante para a aquisição de musicalidade.

- Buscar distração e descanso nas coisas que você mais gosta de fazer. É necessário aprender a viver sem música, pois ela não é o centro da vida.

- Ficar atento à sua conduta para com os outros, a fim de evitar uma mudança na tonicidade vocal e no estado emocional alheio; os irmãos são a melhor escola de percepção que podemos ter.

- Vivenciar o tato e o contato com outros, desde que com respeito.

- Antes de qualquer trabalho de palco ou de exposição vocal, por mais simples que seja, procurar posições de controle para relaxamento e silêncio para escutar a Deus. Isso é saber colocar a ansiedade e o medo em seu devido lugar e tomar posse da segurança que Deus já nos confiou.

- Dominar o espaço de trabalho, para que haja familiarização com o meio e você possa ter melhor comunicação com o público.

- Prestar atenção na postura. A vestimenta deve ser discreta, porém é necessário ter cuidado para que a escolha da roupa não o torne mais tímido do que parece.

- Utilizar sempre em tudo sua voz, seu corpo, sua mente e seu ser para Deus!

Capítulo 10

Como produzimos a voz?

É preciso deixar tudo para ganhar tudo!
SANTO AFONSO DE LIGÓRIO

"Só amamos o que conhecemos". Já ouvimos tanto isso e experimentamos tão pouco. Nem imaginamos o que acontece conosco e em nosso corpo quando cantamos. O conhecimento é uma experiência enriquecedora, pois nos leva a ter mais respeito ao que já sabemos e mais dedicação aos nossos limites.

Veja o que ocorre na *fonação*, que significa produção da voz através do uso das cordas vocais. Observe, enquanto lê, o que lhe acontece quando se dispõe a falar ou cantar:

- O cérebro governa (sistema nervoso central), dirige ou comanda a execução dos movimentos musculares do mecanismo vocal. Pensamos sempre antes de falar ou cantar. Não é um ato instintivo.

- O ar, inspirado pelo nariz e/ou boca, abre a fenda glótica e enche o fole pulmonar.

- Quando ocorre o comando do cérebro para realizar a fala ou o canto, a fenda glótica se fecha, aproximando as pregas vocais por meio da ação dos músculos constritores, que se tensionam pela ação dos músculos ligados à função de altura e volume do som que se deseja emitir, dando às cordas vocais a mais favorável posição e tensão para entrar em vibração.

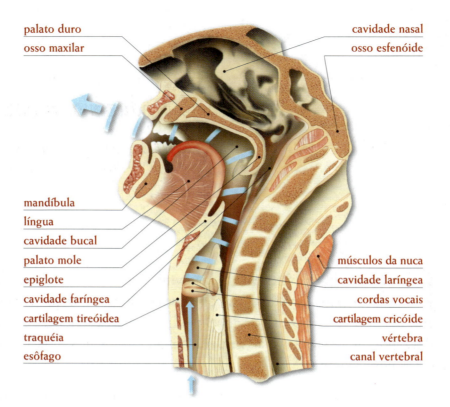

- Para produzir o som por meio da expiração, será enviado o sopro dosificado de acordo com a altura (freqüência) e o volume desejado.

- Em seqüência ao ataque do ar, as pregas vocais se aproximam, e a onda sonora se expande pelas cavidades de ressonância: ventrículos, vestíbulo laríngeo, faringe, boca, seios da face, maxilar, mandíbula, nuca, cavidades ocas na cabeça etc., fazendo assim, que o som primitivo seja reforçado pelos sons harmônicos, que darão timbre e amplitude à voz.

- Os movimentos musculares das partes brandas (lábios, língua etc.) conduzirão o som à articulação adequada das vogais e consoantes, dando forma e molde às palavras.

- O ouvido controla a força imprimida, a continuidade, a altura e a exatidão da afinação.

Capítulo 11

A voz é única: nossa "digital sonora"

Não penseis que o Senhor tem necessidade de nossas obras.
Ele só quer a determinação de nossa vontade.
SANTA TERESA DE JESUS

Parecem muito complicadas todas essas palavras novas. Desde que comecei a estudar fisiologia da voz, esse mundo novo foi se tornando mais familiar e conhecido. Tudo o que estudamos e passamos a conhecer nos assusta muito menos que antes. Ficamos à vontade com quem convivemos muito, não é verdade? Assim é a fisiologia.

É importante saber que cada pessoa possui um aparato vocal diferente, uma possibilidade de voz distinta, por causa da constituição física, das dimensões do corpo, da resistência etc. O aparato vocal é individual, exigindo, assim, que a técnica seja adaptada a cada pessoa, respeitadas as possibilidades e as características particulares de cada um. Somos diferentes e nos percebemos pelas mesmas vias, mas de formas e referências diferentes. Não é possível desenvolver uma técnica específica para conquistar a voz de determinada pessoa. A voz é única em cada um, como nossas impressões digitais, como nossa história. Não se produz um timbre, nascemos com ele. É preciso paciência com o ritmo de conhecimento da voz de cada um.

Não é difícil encontrar pessoas que não gostem de sua voz. Elas a comparam a outras vozes e naturalmente desvalorizam o que têm de melhor. Não há uma voz igual à outra, assim como não existem pessoas iguais. A nossa voz é um sinal da nossa unicidade perante Deus. Por isso é preci-

VOZ: EXPRESSÃO DA VIDA

so que tiremos de nós mesmos a nossa melhor voz. Não é interessante imitar ninguém, a não ser por fins didáticos. Deus gosta da nossa verdade e conhece a voz que nos deu.

Conheço casos de pessoas que danificaram profundamente seu aparato vocal por tentarem ser o que não eram. Expressar a voz é nada mais do que revelar a própria personalidade. A voz mais bonita é a mais verdadeira.

Capítulo 12

Quem guardou a voz dentro de nós?

Fazer o que Deus quer e querer o que Deus faz.
SANTO AFONSO DE LIGÓRIO

Às vezes, fico pensando nas coisas mais importantes que possuo na vida. Quase todas as belezas que julgo serem minhas, na realidade, são de Deus, criadas por ele e só confiadas a mim. É uma imensa responsabilidade, que, ao mesmo tempo, me realiza. Coisas de Pai...

O que temos de mais precioso e caro guardamos em lugares especiais, seguros, reservados. Assim também é a voz, pois é um bem que eu pensei que fosse meu, que eu mesma pudesse cuidar sozinha dele. Doce ilusão. Deus também pensou em um lugar para que essa minha riqueza ficasse preservada.

Produzimos nossa voz num lugarzinho protegido e especial: no tubo da *laringe*. A laringe é um órgão composto de um esqueleto cartilaginoso (parcialmente calcificado no adulto); possui músculos intrínsecos a ela; uma mucosa que a reveste; músculos extrínsecos, situados nas paredes laterais do pescoço, e ainda músculos cuja função é separar as cordas vocais e abrir a fenda glótica para permitir a passagem do ar no momento da inspiração. Outros músculos, ao contrário, aproximam as cordas vocais e fecham a fenda glótica. Na fonação, os músculos constritores aproximam as cordas vocais, de acordo com a altura do som desejada pelo cantor. Os músculos extrínsecos permitem sua elevação ou descida conforme a altura do som: grave ou agudo, demonstrando, portanto, ser um órgão móvel, que atua segundo a exigência de suas funções respiratórias ou fonatórias.

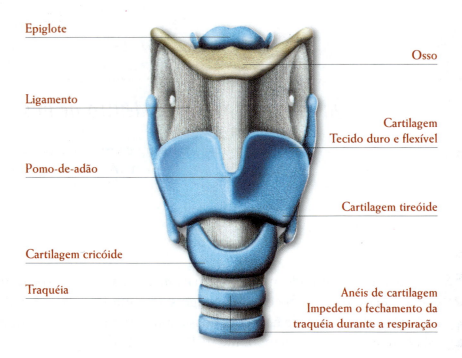

É interessante realçar que o mecanismo de emissão sonora não é igual para todos os fonemas (vogais ou consoantes) em uma mesma altura tonal. Para cada fonema, teremos uma nova postura fonatória.

As vogais exigem um movimento de adução (junção das pregas) lento e mantido; as consoantes são emitidas sem o mecanismo laríngeo, em sua maioria, com movimentos bruscos e de breve duração, ou seja, diferentes tipos de "ataque vocal": "soproso", brando, duro etc. As consoantes não têm "continuidade" como as vogais.

Faz-se necessário que o cantor aprenda a colocar as pregas vocais em posição correta quanto a: tensão, acoplamento, força e velocidade do ar, intensidade do som, tipo de ataque e dosagem de pressão do ar, que se inspira e se expira para produzir exatamente o número de vibrações próprias a cada altura tonal, a cada nota musical a ser cantada. Com esses cuidados, evita-se o cansaço do aparato vocal.

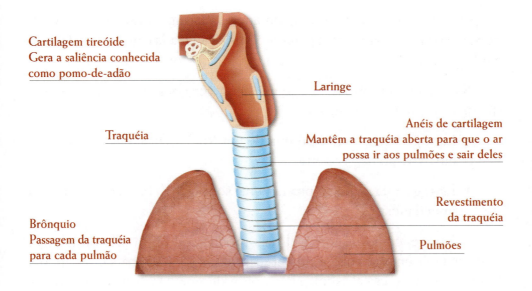

Quantas vezes não ficamos roucos pelo excesso de trabalho da voz? É como um jovem que pratica atletismo. Por mais que se esforce e o melhor de seu trabalho seja o preparo muscular, ele não corre nem se exercita o dia inteiro. Descanso e limites são fundamentais. Assim também acontece com nossa voz: requer descanso e limites.

Há limites muito sutis que podemos conhecer para que a voz seja preservada em momentos cruciais e de muita tensão, nos quais ficamos sem espaço, sem saída, sem vez, sem voz.

Quando não dosamos corretamente o ar, empurramos o som e produzimos uma voz tensa. Escutamos do mesmo jeito que estamos por dentro. "Empurrar" o ar implica falta de controle e escape rápido da reserva necessária para emitir livremente a voz. Temos a sensação de uma voz tensa, "apertada", metálica, exagerada. A emissão da voz revela quem somos e como vivemos. Preste atenção em sua maneira de produzir sons e avalie-se. Você vai se conhecer melhor.

Produzimos sons diferenciados, como já foi citado, de acordo com a localização da laringe, que pode ser alta ou baixa. É possível sentir com as próprias mãos a localização momentânea da laringe, mas é de suma importância que tenhamos essa percepção física aguçada e memorizada, sem ajuda das mãos.

Sinta com as próprias mãos o que acontece com sua laringe na emissão de sons graves e agudos:

- **Laringe baixa**: nela é produzido um "som escuro" cujo resultado é uma voz plena, "coberta".

- **Laringe alta**: aqui se produz um "som claro", branco com pouca impedância.

A laringe, como responsável pela produção do som primordial, não pode assumir uma posição rígida no canto. Ela só deve "baixar" quando a frase ou o estilo musical assim exigir, pois proporciona um alcance de notas agudas com suporte, qualidade e impedância vocal (ópera, por exemplo).

Há cantores que forçam demasiadamente o aparato vocal, tentando extrair dele, com laringe na posição alta, uma sonoridade somente existente e possível com laringe baixa, resultando em distúrbios vocais, rouquidão ou fadiga. É preciso conhecer a capacidade máxima do aparato vocal e tirar o melhor dele, sem danos. Toda iniciativa vocal que provoca dor não é correta e muito menos saudável.

Uma das funções da laringe é a emissão da voz. No entanto, seria impossível ouvir qualquer som vocálico se não contássemos com a amplificação da voz através das "caixas de som", que naturalmente já temos, ou das chamadas cavidades de ressonância. E não estamos falando de "microfones", mas de tudo o que Deus já nos ofereceu antes mesmo que precisássemos.

Como extensão da laringe, temos:

- **Língua**: quando a parte posterior fica tensa, ela "fecha" o orifício laríngeo, interrompendo a passagem do ar.

- **Véu palatal**: pode ser chamado de "diafragma" faringo-bucal, que, juntamente com os músculos, é responsável pela respiração no "ato" da emissão.

- **Boca**: é nela que o som se "forma" ou se "deforma".

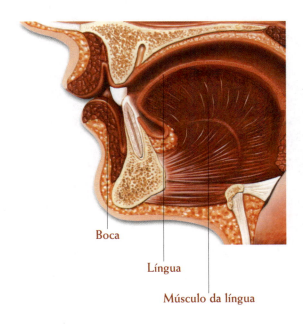

Boca
Língua
Músculo da língua

Quem canta com uma apurada consciência sonora, emocional e física localiza no espaço à sua volta a direção do som que emite. Sabe para "onde" e "como" está projetando a voz, aonde ela vai chegar e como vai ser ouvida, além de ter noção do que vai gerar no ouvinte.

É preciso saber com segurança tudo o que deve ser "ativo" ou "passivo" (distensionado) na produção da voz, assim como o que deve ser movido ou estar descansando no momento da produção, não só com a compreensão racional, mas também com a consciência corporal, para a "palavra" e o "som" serem produzidos com qualidade e eficácia.

Mais uma vez reforço a importância de corpo e voz andarem juntos. Amigos eternos não se separam. Amigos se ajudam e se protegem na hora certa. Assim é a relação entre corpo e voz no canto.

Capítulo 13

O que são pregas vocais?

A alma sente segurança se não recua no caminho começado.
SANTA TERESA DE JESUS

Ouve-se falar que temos "cordas vocais". Alguns até pensam que temos sete cordas, como as sete notas musicais... Na verdade, possuímos duas pregas vocais, que são músculos intrínsecos à laringe e produzem sons. Apenas com essas duas pregas, alcançamos todos os sons de nosso aparato vocal.

A prega vocal, ou "par de cordas vocais", como comumente chamamos, além de ser um músculo intrínseco à laringe, é composta de um feixe de fibrilas musculares, como delgados fios de cabelo, em que cada fibrila tem um sistema nervoso autônomo.

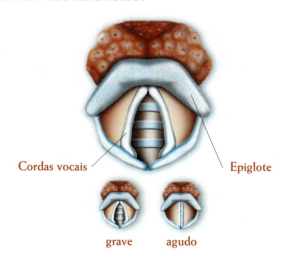

VOZ: EXPRESSÃO DA VIDA

Veja como são suas pregas vocais e, assim, você vai conquistando um cantor interior consciente e bem formado, de forma que saiba o que fazer com seu aparato vocal.

Essa estrutura da prega vocal permite na fonação a alteração da emissão vocal nas várias alturas tonais: enquanto um grupo de fibrilas está em processo vibratório na produção de um som, estimulado pelo sistema nervoso central, o outro está em repouso, aguardando a variação tonal.

Na adolescência, tive uma história vocal de muito descuido. Gritava muito e pensava que minha voz suportaria todos os meus desejos. Não é bem assim. Temos músculos pequenos e frágeis, que merecem cuidados para evitar danos que necessitem de tratamento fonoaudiológico ou até cirúrgico.

Observe sua voz atentamente. Na presença de alguns escapes excessivos de ar, rouquidão constante ou fadiga vocal, procure um médico para verificar o que realmente está ocorrendo. Zelo nunca é demais. Quem ama cuida.

Capítulo 14

A voz é um encontro a dois

*A função da perfeição é fazer com que
cada um de nós conheça sua própria imperfeição.*
SANTO AGOSTINHO

Temos milhares de imagens vocais em nossa imaginação. Mas nada é mais bonito do que sentir algo muito pequeno dentro de nós se tornar tão grande e próximo daqueles que escutam.

A medida da profundidade que cantamos é a que provavelmente pedimos a Deus que chegasse até os ouvintes, pois não podemos levar ninguém até onde nunca fomos.

Voz é o encontro de dois "ares": o que sai do pulmão, sobe pela traquéia—laringe, fecha a fenda glótica por pressão, chega ao pavilhão bucal e, em contato com o ar da atmosfera, entra em vibração nos lábios. Nesse momento, ouvimos a voz, que é o produto de duas forças que se antepõem: a força de expulsão do ar (arco respiratório) e a força de retenção na adução das cordas vocais, permanecendo fechada a fenda glótica enquanto dura o som.

O equilíbrio dessas duas forças transforma a coluna de ar em coluna de som. A partir da glote, a coluna de som recebe impedância de:

- coloração: impostação.
- articulação: labial e lingual.

A voz reflete o estado, a sinceridade de ânimo e de vida espiritual do cantor. A rigidez muscular talvez esteja ligada à tensão quase sempre pre-

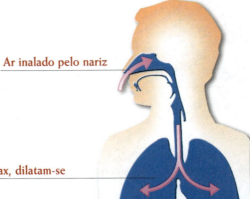

Ar inalado pelo nariz

Pulmões – com a redução de pressão no tórax, dilatam-se

Diafragma – contrai-se, pressionando para baixo

sente no cantor, daí a produção de uma voz sem brilho, impedindo a "unção" que aparece na voz e na postura quando canta. A unção é fruto de entrega e descanso em Deus, e essa entrega é que gera boa voz.

A tensão nasce da insegurança do cantor e da falta de confiança em si mesmo e em Deus. Há muitas pessoas que nunca estudaram canto e são, portanto, desafinadas, mas, quando cantam, a unção é nítida, porque sabem para quem cantam e não se preocupam com a desafinação da voz. Preocupam-se mais no que Deus está por fazer.

Muitas vezes, o cantor que se dedica a seu ministério se perde demais, porque a preocupação com o lado técnico é muito grande. Dizia uma grande fisiologista da voz e boa cozinheira de arroz, Sira da Silva: "É preciso estudar até chegar a ponto de dizer a si mesmo: esqueça tudo!, pois, quando aprendemos de verdade, não precisamos ficar pensando em como vamos fazer, o canto já fica intuitivo e instintivo, o esforço se concentra em inteiramente escutar a Deus". Aí estará a unção.

Quando o aluno se esforça no estudo e se adianta na apreensão dos conteúdos necessários, ele formula antes a frase musical, para que haja o "canto interior", mas não apenas um simples movimento muscular. O aluno desenvolve a "memória" emotiva. Canta "por dentro" primeiro. Já comentei anteriormente sobre "canto interior". É uma dádiva de uma vida interior cultivada e cuidada com a oração e uma vida serena em Deus.

Capítulo 15

Como ficar tranqüilo para cantar e comer arroz?

Não se preocupe em fazer muitas coisas, mas procure realizar perfeitamente aquilo que considera ser da vontade de Deus.
SANTO AFONSO DE LIGÓRIO

Arroz quase pronto. Agora é só aprender a dar aquela espiadela mineira para saber se já está no ponto; é hora de degustar o trabalho tão esperado. Quando chegava a hora de sentar à mesa com minha família, de modo especial na hora do almoço, eu sempre ficava pensando no tempo em que minha mãe havia dedicado ao preparo dos alimentos, principalmente o arroz. Observava o tempo que passávamos juntos para saborear tanta dedicação. Era tão rápido que me dava pena o "excesso de cuidado" ser devorado em tão pouco tempo. Aos poucos, fui vendo que na constância do valor é que morava a tranqüilidade para saborear. A gente já sabia que era bom e, por isso, saboreava antes mesmo de comer. Parecia que o mais gostoso era saber que aquele gosto já era seguro, mais do que comê-lo todo dia.

A emissão da voz ao cantar e falar também é assim. Nós a degustamos se a tranqüilidade está presente, pois passa rápido o cantar, do mesmo modo que acaba logo a comida que minha mãe faz. Há algumas maneiras de sentar "à mesa" da voz e degustar o que está ao nosso alcance. Muitas vezes, tenho vontade de ser duas, uma para cantar e viver a intensidade desse momento com toda força possível e outra para sentar na

VOZ: EXPRESSÃO DA VIDA | 49 |

platéia e degustar. Silenciosamente degustar. Mas sou chamada a ser as duas ao mesmo tempo: cozinhar e comer.

A seguir, estão relacionadas algumas dicas para que o cantor conquiste tranqüilidade suficiente para trabalhar e descansar ao mesmo tempo.

- Não "esquentar a cabeça..." antes, durante e depois de cantar. Ser simples é ser você mesmo, por mais complicado que isso seja. Simplicidade implica ouvir todos os irmãos e reconhecer o lugar de cada um deles, com críticas e elogios. Só uma crítica equilibra um elogio.

- Preparar-se para cantar ou estudar. Programe-se e espere o momento certo. Isso ajuda a amarmos o que fazemos.

- Em casa, andar acompanhando o ritmo de uma música de sua escolha. Procure soltar-se e relaxar, de preferência, no momento em que estiver sozinho.

- Caminhar descalço pela casa de diversas maneiras: com o calcanhar, na ponta dos dedos, sentindo os pés inteiros no chão, com os joelhos para dentro e para fora, e engatinhar, sempre no ritmo da música.

- Andar na rua pensando em uma música, construindo uma concentração interior enquanto caminha.

- Acompanhar o ritmo da música interior que está em sua mente e preparar-se para o que vai fazer. A interpretação e a emissão correta da voz não são produtos de susto, mas de percepção, inspiração, disciplina e estudo.

- Massagear o rosto e o corpo para ativar a musculatura antes de cantar. Imagine acordar pela manhã e cantar em algum lugar.

- Bocejar bastante, pois, além de ser benéfico, funciona como um relaxamento.

Veja o que ocorre na circulação sangüínea durante um bocejo.

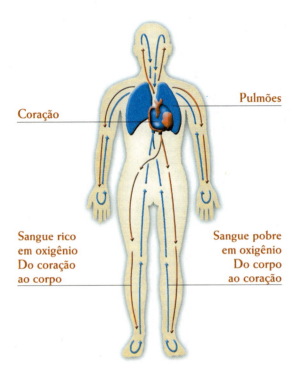

- Espreguiçar mexendo todo o corpo, que precisa trabalhar e estar à disposição da comunicação, pois fica nítido aquele que canta tentando se esconder ou correr.

- Conhecer e "acordar" seu diafragma, pois é quem lhe dá sustento no trabalho muscular. Para saber onde fica o diafragma, imite um cachorrinho com sede.

- Trabalhar sua expressão e não esperar que o "sentimento" leve você. Isso é uma decisão. Exercite-se.

Capítulo 16

A elegância, assim como a respiração, é transparente

Ser fiel no mínimo é algo de grande.
Queres ser grande? Começa com o mínimo.
SANTO AGOSTINHO

Do modo como Deus guardou a voz com todo cuidado nesse aparato vocal que estamos conhecendo, alguma coisa precisava ser meio escondida. Segredos fazem bem, tornam-nos mais seguros e amados, desde que sejam libertadores.

Na força do canto, quem realmente trabalha para a produção do som é o ar. A respiração tem se tornado quase um mito no canto. Muitos cantores apresentam dificuldades e consideram que não cantam bem ou não têm uma voz bonita porque não sabem respirar. Não é bem assim. Respiração é uma conseqüência de equilíbrio interior, segurança e amor-próprio. Como já sabemos, a respiração está dividida em inspiração, quando ocorre a entrada do ar, e expiração, ao efetuar-se a saída do ar.

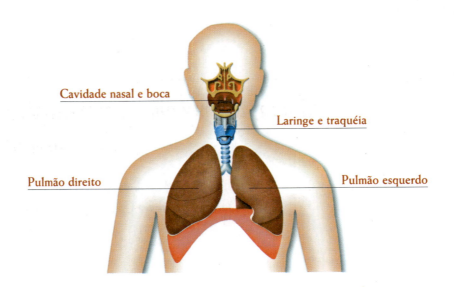

O tipo de respiração que se adapta ao canto é atribuída aos cantores italianos do século XIX e denominada *técnica de apoio*. Consiste na respiração *costo-abdominal-diafragmática*. O nome parece complicado, mas a práti-

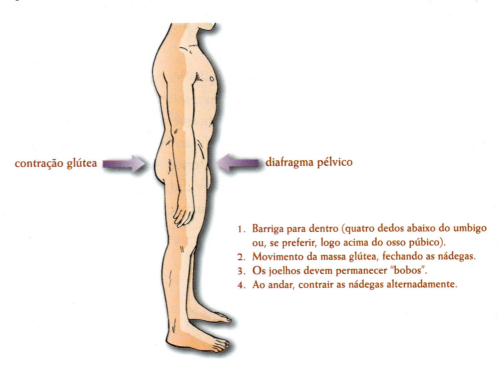

1. Barriga para dentro (quatro dedos abaixo do umbigo ou, se preferir, logo acima do osso púbico).
2. Movimento da massa glútea, fechando as nádegas.
3. Os joelhos devem permanecer "bobos".
4. Ao andar, contrair as nádegas alternadamente.

ca é simples: deite-se no chão e ponha um livro um pouco pesado sobre seu diafragma (ou sobre seu umbigo, para facilitar). Respire naturalmente e perceba como o livro se movimenta na vertical. Não o deixe cair, mesmo se a barriga começar a tremer. É falta de exercício, não se preocupe. Essa é a maneira correta de respiração para cantar. Mas em pé, é claro!

A respiração profunda é, em primeiro lugar, abdominal, seguida de aumento da cintura lateral por ação dos músculos intercostais e das costelas flutuantes. Nesse momento, a laringe está em posição fonatória, sem modificar a inspiração. Se houver, ao mesmo tempo, um comando cerebral para "acontecer" a voz que se realiza por pressão subglótica, esta se fecha pela ação dos músculos intrínsecos da laringe, e as pregas vocais se "aduzem" e permanecem assim durante todo o tempo da emissão. Nesse momento, a voz é produzida. Veja o glossário no final do livro, em que há o significado de cada palavra de sentido técnico.

Ao cantar, evite provocar sobrecarga e tensão nos ombros, peito e parte alta do tórax. Lembre-se da tranquilidade para degustar o arroz mineiro da mãe. Devagar. Sem pressa.

O uso da técnica de apoio conduz às técnicas de forte impedância projetadas sobre a laringe, protegendo o mecanismo laríngeo, sobretudo a voz em alta frequência e grande volume, como as vozes agudas. Além de todos os benefícios e vantagens da técnica de apoio sobre a colocação da voz, aumenta a capacidade respiratória, diminui o trabalho cardíaco, tornando-se mais lento o movimento de sístole e diástole, e ainda oxigena bem o cérebro.

Parece complicado cantar e falar corretamente, e pode continuar assim se o interesse diminuir! Não desanime! Aprender é uma decisão. É fundamental querer aprender. Se me dedico, posso aprender o que quiser. Treino e respeito são fundamentais no processo de aprendizagem. A natureza não dá saltos. A árvore cresce depois da semente, e demora um pouquinho, porém não pára nem um só dia de desenvolver-se.

Capítulo 17

Exercícios de respiração

Tudo o que tua mão encontra para fazer, faze-o logo.
SANTO AFONSO DE LIGÓRIO

Trabalhar com respiração é um exercício de concentração, observação e cuidado. Conte mentalmente os segundos e observe a ação do diafragma. Siga o que diz em cada quadro. Faça os exercícios devagar e com cuidado, pois uma oxigenação mais intensa em seu cérebro pode provocar tontura.

1. Inspire, retenha o ar no tempo indicado no exercício e emita um som semelhante àquele que designa silêncio: *kx*

INSPIRAÇÃO	PAUSA	EXPIRAÇÃO
pelo nariz	segurando o ar	pela boca, produzindo o fonema *kx*
2 segundos	2 segundos	2 segundos (*kx*)
3 segundos	3 segundos	3 segundos (*kx*)
4 segundos	4 segundos	4 segundos (*kx*)

2. Neste exercício, é interessante aumentar o aproveitamento do ar. Fique atento para não soltá-lo de uma vez, comprometendo o final da frase, que deve ser o momento da melhor execução. O fim de frase revela maturidade vocal.

INSPIRAÇÃO	EXPIRAÇÃO
2 segundos	pela boca, lentamente, produzindo o fonema *kx*.
2 segundos	2 segundos
3 segundos	4 segundos
3 segundos	6 segundos
4 segundos	8 segundos
4 segundos	10 segundos
4 segundos	12 segundos
5 segundos	14 segundos
	Assim por diante.

Observação

Com boa disciplina e perseverança, você perceberá o aumento progressivo de sua capacidade respiratória, favorecendo o canto de notas longas ou frases compridas.

Capítulo 18

Mais exercícios de respiração

O Senhor nos ama mais do que nós amamos a nós mesmos.
SANTA TERESA DE JESUS

A seguir, estão relacionados alguns exercícios que podem ser acompanhados pelo CD didático anexo neste livro:

- Com a língua para fora, imitar um cachorrinho com sede para exercitar o diafragma. Fazer com calma e tranqüilidade, sem tensão ou ansiedade. Enquanto estiver fazendo este exercício, tomar água na temperatura ambiente para hidratar o trato vocal.

- Respirar à vontade, sem tensão. Tomar posse, com carinho, do ar que se respira faz bem ao canto, porque nem sempre prestamos atenção nele.

- Respirar o ar pelo nariz soltando-o pela boca diversas vezes. Fazer isso por instinto é bem diferente de fazê-lo conscientemente.

- Respirar o ar por uma narina e soltá-lo por outra, tapando as narinas alternadamente com os dedos, o que elevará o aproveitamento de capacidade aérea.

- Respirar o ar intensamente soltando-o com força, como se fosse apagar uma chama de fogo. Esse movimento fortalece a musculatura que dá apoio ao cantar uma nota com grande intensidade, pois o volume não reside ao redor da garganta, mas no esforço muscular, principalmente do diafragma.

VOZ: EXPRESSÃO DA VIDA

- Imaginar que esteja segurando uma flor. Após sentir seu perfume na mão, você perceberá que a respiração foi adequada, ou seja, o peito não inchou e o corpo ficou equilibrado. O corpo é sábio, por isso preste atenção nele.

- Inspirar pelo nariz e soltar em **ssss**, como se estivesse pedindo delicadamente que alguém se calasse. Suavemente.

- Inspirar pelo nariz e soltar em **xxxx**, semelhante ao som que emitimos quando temos algum problema: **xiiiiiiiiiiiiiii** (mas só o x).

- Inspirar pelo nariz e soltar em **fff**.

- Inspirar pelo nariz e soltar em **s f / s f** (alternando o que comentamos anteriormente).

- Inspirar pelo nariz e soltar em **s f x / s f x**

- Inspirar pelo nariz e soltar em **s f x ph** (*pah* com ar no lugar da vogal "a").

- Inspirar pelo nariz e soltar em **sss** rapidamente, na velocidade do "cachorrinho sedento".

- Inspirar pelo nariz e soltar em **fff** rapidamente.

- Inspirar pelo nariz e soltar em **xxx** rapidamente.

- Inspirar pelo nariz e soltar em **phphph** rapidamente.

- Exercícios de respiração **s / f / x / v**. Aqui são os mesmos sons de que falamos anteriormente, trocando o f pelo v, sem vogal.

Capítulo 19

Cuidados com a higiene vocal

*Não é tanto o que fazemos, mas o motivo pelo qual fazemos,
que determina a bondade ou a malícia.*
SANTO AGOSTINHO

A voz requer atenção tanto quanto o organismo humano. As pessoas, acometidas de rouquidão, me solicitam indicação de medicamentos ou chás para a recuperação rápida da voz, porém não há nada eficaz para isso. É como deixar o arroz passar do ponto e pensar que o gosto de queimado vai permanecer apenas na raspa da panela, ou seja, é difícil controlar quando o limite é ultrapassado. A solução é jogar fora o arroz queimado e fazer outro. Processo semelhante deve ser feito com a voz: silenciar e esperar a recuperação. Rouquidão é só um alerta do corpo, que está precisando de muita água, descanso e sono.

Às vezes, deixamos de fazer muitas coisas em prol de uma boa manutenção da voz. Há casos de exageros, que precisam ser remediados, sinal de que não houve prevenção. Cuidar-se no caminho traz mais vantagem.

A seguir, estão relacionadas algumas dicas para manter a voz saudável:

- Sono suficiente e bom funcionamento digestivo, com alimentação leve e variada. Tudo que é natural faz bem para o corpo e para a voz. O corpo não se contradiz.

- Ingerir muita água sempre em temperatura ambiente. A hidratação é fundamental para o corpo, assim como para o aparato vocal, apesar de que a água não passa pelas pregas vocais diretamente.

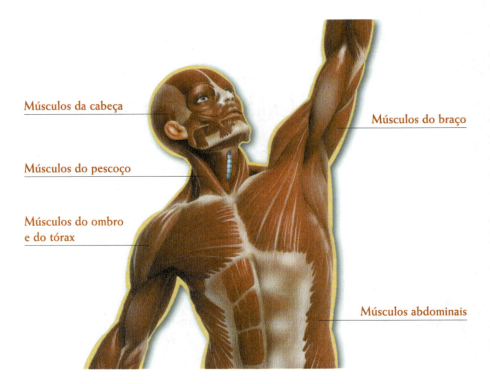

- Praticar atividades físicas leves (caminhada, natação), para aliviar o estresse físico e mental, evitando que a tensão se concentre na região cervical, o que pode prejudicar a produção da voz.

- Falar articuladamente, com conforto e sem exageros. A natureza é generosa, não convém forçá-la. O que realmente faz a diferença é a simplicidade.

- Desenvolver a musicalidade e a cultura musical. Andar em boa companhia.

- Visitar regularmente o dentista, para manter uma boa higiene bucal.

- Usar roupas confortáveis e adequadas ao clima.

- Fazer exercícios vocais regularmente. Tratar as alergias respiratórias, que podem ter fundo emocional.

- Em caso de obstrução nasal, fazer inalação com vapor d'água, seguindo instruções médicas. Distanciar-se de remédios que causam dependência.

- Cantar em boas condições acústicas. Na igreja, a obtenção desse recurso depende da postura e iniciativa pessoais.

- Quanto às mulheres, prestar atenção à laringopatia pré-menstrual. Nesse período, os hormônios sofrem alterações. Com isso, convém exigir menos da voz.

Capítulo 20

Hábitos negativos de um cantor

Dar tudo pelo tudo.
São João da Cruz

A prevenção é um aprendizado. É fundamental nos observarmos ao telefone, pois inconscientemente elevamos a voz, provocando nela um desgaste desnecessário. Preste atenção como você muda a voz ao falar no telefone com alguém.

Há outros hábitos que prejudicam a voz:

- Ter uma vida sedentária.

- Usar drogas e substâncias tóxicas, especialmente antes e durante o ato de cantar.

- Fazer exercícios pesados (boxe, musculação etc.), que enrijecem a região cervical e não permitem o relaxamento necessário para uma boa emissão.

- Gritar ou cochichar em competição sonora, como falar em boates, bares, festas, trânsito. Fala-se, sem perceber, muito alto nesses lugares. O aparato vocal não foi estruturado para o grito, pois isso é uma agressão ao corpo.

- Pigarrear ou tossir constantemente são agressões às pregas vocais, pois provocam atrito, gerando edema e inchaço.

- Falar em excesso ou muito alto, com freqüência inadequada ou muito rapidamente, sem uma boa respiração. Isso exige da musculatura o que ela não pode oferecer.

- Cantar ou falar em ambientes poluídos e enfumaçados. Basta ficarmos atentos às campanhas contra o cigarro para entender que, nesses locais, nos tornamos fumantes passivos.

- Falar ou cantar em ambientes com ar condicionado, o qual diminui a umidade do ar. É fundamental manter o aparato vocal hidratado para obtenção de sua melhor *performance*.

- Ingerir líquidos ou alimentos muito quentes ou muito frios, especialmente antes, durante e depois de cantar, pois pode provocar contração da musculatura.

- Expor-se em excesso ao ar condicionado, chuva, vento e sol.

- Cantar doente e sem resistência.

- Utilização excessiva de sal nos alimentos, de cristais de gengibre e de gargarejos.

- Automedicar-se com pastilhas analgésicas, bombinhas e/ou descongestionantes nasais que contenham substância vasoconstritora ou vasodilatadora, remédios para emagrecer com anfetaminas, hormônios... A interferência de medicamentos, sem prescrição médica, mascara a real situação do aparato vocal, prejudicando ainda mais a musculatura que está fragilizada.

Capítulo 21

Hábitos saudáveis de um cantor

*Não existe preço com que se possa pagar
qualquer coisa feita por Deus, por pequena que seja.*
SANTA TERESA DE JESUS

A seguir, estão relacionados alguns hábitos que devem ser adotados pelo cantor. É preciso desenvolvê-los com dedicação e consciência:

- Ouvir música de cantores de sua escolha pessoal, que sejam boas companhias para a vida interior, e daqueles que tenham timbre e extensão semelhantes aos seus, proporcionando, assim, uma audição didática, que conduza a desafios estudantis no canto.

- Freqüentar *shows* cristãos e programas que sejam educativos à sua musicalidade, alimentando a espiritualidade e a cultura quanto à voz e à *performance* geral como um todo.

- Assistir a gravações próprias e ouvi-las, para realizar uma avaliação do processo musical, pessoal e espiritual que está sendo expresso no canto e na interpretação. É um exercício diante do espelho, que a princípio pode parecer assustador, porém traz resultado positivo.

- Estudar: percepção musical, para conquistar afinação melódica e harmônica conscientes; teoria musical, para saber falar e ler a "sua própria língua"; e harmonia e o básico sobre as tonalidades das músicas, para que haja um bom entendimento musical entre cantores e instrumentistas.

VOZ: EXPRESSÃO DA VIDA

- Conquistar segurança rítmica, de preferência em vários estilos, pela audição e convivência com outros músicos.

- Saber conversar com os instrumentistas sobre qualquer assunto, seja na área musical, seja na humana, seja na espiritual. Eles percebem muito os cantores e têm muito a nos ensinar.

- Ter conhecimento sobre equipamentos de som, para, em certas circunstâncias, auxiliar os instrumentistas.

- Amar... Cantar... Amar... Cantar...

Apesar das muitas recomendações, uma das mais importantes é esta: não perder a vida emocional e espiritual por causa da voz. Você também pode ser imensamente feliz sem ela. Se não é feliz, alguma coisa está errada, pois não dependemos do que fazemos para nos sentirmos bem e em paz. Não devemos ser dependentes de nosso ministério, mas unicamente de Deus!

Capítulo 22

Dúvidas comuns

Pouco importa quanto fazes, o que importa é quanto amas.
SANTO AGOSTINHO

Nos vários *workshops* de voz e interpretação que realizo no nosso Brasil maravilhoso, ouço algumas perguntas que são bem peculiares e talvez uma delas seja a sua. A seguir, estão relacionadas algumas questões:

PÚBLICO – O que é semitonar?

ZIZA FERNANDES – Semitonar significa que não houve emissão precisa de uma nota dentro da tonalidade que ela se encontrava. Há diversos parâmetros para classificar um erro vocal. Usualmente, semitonação indica proximidade da nota que se deseja emitir, mas é difícil perceber que falta ainda um "fio de cabelo" para "chegar" à afinação correta. Às vezes, uma semitonação gera um ponto de interrogação no trecho cantado: "Está certo ou não?". Só a pergunta já diz que o erro é fato. Isso é semitonação.

PÚBLICO – Como sei quando estou desafinando?

ZIZA FERNANDES – Uma dica rápida e precisa é olhar a "cara" dos amigos que estão por perto, principalmente os músicos, que sempre percebem primeiro quando erramos alguma nota. Parece brincadeira, mas, às vezes, estou tão envolvida emocionalmente que perco a concentração musical e não ouço os erros harmônicos. Procuro ficar sempre com meu ouvido muito atento ao instrumental. Com base na harmonia executada pelos músicos que me acompanham, sei se estou afinada ou não. Também percebo quando arrisco um improviso em que não estou tão segura e tento disfarçar, mas é tarde. A distração é a melhor amiga da desafinação. É melhor guardar a tentativa para o ensaio e cantar com base no que já está seguro. Cantar é conduzir o povo. Não é distração. As tentativas têm sua hora...

PÚBLICO – **Qualquer pessoa pode cantar profissionalmente?**
ZIZA FERNANDES – Depende da definição que se tem de profissionalização de um cantor. Vamos partir daquela que considera profissional aquele que quer tirar seu sustento, seu salário no fim do mês, além de ter carteira de trabalho, com o que gosta de fazer. Não é um terreno fácil, mais difícil ainda no meio católico ou religioso. Todo mundo pode tentar se profissionalizar no canto, só não sei se o público iria gostar, pois acredito que a grande confirmação de um dom está na receptividade do público, que julga com sinceridade e naturalidade. Há cantores que não cantam bem, mas são perfeitos comunicadores a ponto de o público acreditar que eles cantam. Não depende somente da voz, nem é só nela que mora um profissional, mas na postura e na confiança que essa pessoa transmite. É muito difícil uma pessoa insegura ser respeitada por aquilo que ela faz, pois nem ela mesma está segura de si. Profissionalismo requer uma escolha de dois lados: de Deus primeiro e a outra vem por acréscimo. Mas acréscimo de muito esforço...

PÚBLICO – **Existe um limite de idade para cantar?**
ZIZA FERNANDES – Existe. Os únicos dois limites de idade que existem para não cantar é antes de nascer e depois de morrer, pois, fora dessas épocas, cantar é a coisa mais deliciosa para fazer. Cantar é reconhecer o meu lugar, como também mereço, e não há coisa melhor do que cantar e expressar-se com liberdade de tempo e idade. Sempre é tempo de cantar! Já nascemos cantando, ainda que com mau humor.

PÚBLICO – **Por que existem pessoas que nunca estudaram técnica vocal e cantam muito bem?**
ZIZA FERNANDES – Eu acredito em um dom natural, com uma parte do cérebro carregada de informações hereditárias, que ajudou esse felizardo

ou essa felizarda a nascer assim. Realmente não sei por que acontece isso. Não quero pensar que uns nasceram melhores que outros, pois cantar não é tudo em uma pessoa… Cada um com seu dom. Se o coração é simples, a comparação não existe. Se o coração é distraído ou dividido, vai sempre olhar para o dom dos outros primeiro, e isso sempre vai doer. Algumas coisas nasceram comigo, outras adquiri no caminho… Cantar foi uma delas. Tive que desenvolver esse dom, lutei por ele. Outros cantam naturalmente e lutam por outras coisas.

Público – **Qual é o tom ideal para a minha voz?**
Ziza Fernandes – Para sua voz, não há um tom ideal. O tom ideal é para cada canção e aí depende da extensão vocal que a melodia alcança. Sempre é importante buscar um tom confortável para uma determinada canção. As construções melódicas são infinitas. Incrível o que fazem por aí com poucas notas musicais, mas o importante, para o cantor, é estar em uma extensão agradável, natural e segura para cantar. Quando vou decidir o tom de uma música para cantar, avalio a extensão da melodia, buscando a nota mais grave e a mais aguda. Esses dois extremos precisam estar confortáveis em meu registro vocal. Se uma das notas não sair com naturalidade, o tom não será adequado.

Capítulo 23

Entrevista sobre a voz na Igreja (1)

Honra a quem merece, mesmo que ele não o deseje.
SANTO AGOSTINHO

Karla Fioravante é membro do Grupo Cantores de Deus, musicoterapeuta e produtora de voz.

ZIZA FERNANDES – Qual a importância da voz em sua vida?
KARLA FIORAVANTE – O mais importante é que minha voz esteja a serviço do povo. A voz deve ser instrumento de fé, amor e unidade. Como disse Cecília Meireles: "Sei que canto. E a canção é tudo. Tem sangue eterno e asa ritmada. E um dia sei que estarei mudo: – mais nada". Gosto de onde posso chegar com minha voz, do quanto ela pode ajudar e do bem que pode fazer. Por ser humana, limitada e por trabalhar com sensibilidade, sou provada diretamente na auto-estima, onde creio que o artista é provado e onde entra a humildade de reconhecer que, como instrumento, nós podemos também desafinar. É preciso saber respeitar os limites da voz, pois é uma expressão do que de interno trazemos.

ZIZA FERNANDES – Você cuida bem da voz? O que ou quais os maus hábitos que a prejudicam?
KARLA FIORAVANTE – Tento cuidar bem, valorizo meu instrumento vocal, tiro o tempo para que ela descanse. Algo fundamental para quem canta é dar repouso à voz. Não bebo muito gelado, nem freqüento locais em que há muita poluição sonora, pois, dessa forma, a gente fala três vezes mais alto do que o normal. Antes de qualquer apresentação, tento aquecê-la. O que mais me prejudica é falta de sono, ar condicionado, choque térmico.

VOZ: EXPRESSÃO DA VIDA | 73 |

Ziza Fernandes – Como você define um bom cantor da música religiosa?

Karla Fioravante – Alguém que esteja em sintonia com o que canta, não apenas no aspecto estético da música, como também na coerência do que fala, do que vive e do que pretende viver. Um bom cantor de música religiosa ouve vários estilos de música e tira um diferencial dali, tem um bom gosto musical, gosta de aprender e de estudar e tenta levar para a música religiosa o melhor de si com qualidade. Um bom cantor religioso não se acomoda!

Ziza Fernandes – **A voz pode ser o cartão de visita de uma banda, ou seja, ter mais importância do que a letra, o arranjo e a proposta ideológica ou espiritual?**

Karla Fioravante – Não. No meio religioso, as coisas devem caminhar juntas. Isso talvez dependa do amadurecimento e da caminhada pessoal de um músico católico. Não adianta a voz ser divinamente bonita, e as canções vazias. Não adianta os arranjos serem esplendorosos, e as vozes desafinadas. Não adianta ter uma boa proposta espiritual ou ideológica se o contexto todo não faz uma pessoa parar e ouvir...

Ziza Fernandes – **Em sua opinião, no Brasil, os cantores religiosos podem fazer o movimento contrário ao que ocorreu nos Estados Unidos: estudar a música secular e, com isso, desenvolver a música religiosa? Ou isso fere sua espiritualidade?**

Karla Fioravante – A música católica brasileira tem crescido de uns anos para cá, louvo a Deus por isso. A musicalidade é um dom natural, aparece cedo no indivíduo! No entanto, deve-se estudar, apesar do dom natural. É um estigma dizer que banda de Igreja só deve cantar e tocar música religiosa, deixando de lado o que de bom outros estilos de música nos oferece e nos ensina, como novas técnicas. Se a música de Milton Nascimento, Renato Teixeira, entre tantos outros compositores de qualidade da nossa cultura brasileira, ou mesmo as clássicas, com partituras difíceis como as de Bach, interferir na fé, penso que existe algo não definido em si e não na música que está sendo tocada. Temos consciência da música que faz bem e da que não nos leva a nada. A música brasileira tem qualidade e nos ensina, por que não estudá-la e levar para nossa vida missionária? É a inspiração em bons cantores e compositores que nos faz melhorar nossa linguagem musical e amadurecer no que cremos.

ZIZA FERNANDES – Qual a importância do estudo musical e do canto no meio religioso?
KARLA FIORAVANTE – Sem estudo, nós nos tornamos limitados ao que já sabemos. Sem aprender nada de novo, iremos fazer sempre as mesmas coisas, não conseguiremos ir além! Hoje, existem várias comunidades investindo em oficinas de arte católica, encontros de música. Vejo isso como um grande incentivo para quem muitas vezes não tem condições de fazer algum curso de música. Por onde passo cantando, vejo tantos potenciais, tantos dons, talentos, infelizmente, estereotipados por falta de apoio, condições financeiras etc. Realmente falta consciência no âmbito musical, os ministérios de música precisam estudar, precisam desenvolver percepção musical, pois temos muito que caminhar. Creio em nossa música católica, mas se cada qual não tomar consciência de seu dom, nem souber se ouvir e aprender a desenvolver o senso criativo, não haverá novos meios, nem novos cantos.

ZIZA FERNANDES – Você é diretora de voz em muitas gravações. O que você diria aos cantores para que o trabalho melhorasse?
KARLA FIORAVANTE – Acreditem no potencial que existe dentro de vocês, dêem o melhor... Temos estradas a trilhar, caminhos a descobrir, podemos melhorar, seguir em frente... Na música, sempre se procura descobrir o que ainda não foi descoberto... É um processo pessoal de descobrir-se, ser canal, em que a música e a unção nos sustentam e nos alimentam de criatividade e sonhos. Tocar e cantar é dom de Deus. Se pudermos fazer isso para ele, façamos o melhor para renovar, revigorar e abastecer aqueles que nos ouvem.

ZIZA FERNANDES – O que você diria para um cantor que está iniciando a carreira?
KARLA FIORAVANTE – Que faça diferença, que traga algo novo, que não repita o que já existe, que estude e faça algo de valioso para a sociedade.

Que fale de Deus, que fale do próximo, que aprenda, que ensine... Que seja aberto para o dom e atento às suas mudanças! Que tenha força e acredite no potencial criativo nato.

ZIZA FERNANDES – **Deixe sua mensagem aos leitores.**
KARLA FIORAVANTE – Este livro traz alguns passos para um longo caminho e pode ajudar a desenvolver algo que você deverá aprofundar! Se partir de cada leitor uma evangelização coerente, nova e alicerçada, nossa música pode chegar além de nós! Essa é a nossa missão maior, chegar às pessoas com qualidade e testemunho verdadeiro. Que nossa música faça a diferença e que saibamos levar, através do dom que possuímos, a harmonia do Deus vivo, sem perder a ternura no que cantamos, no que tocamos, enfim, sermos verdadeiros músicos, essência da arte completa que vem do alto.

Capítulo 24

Entrevista sobre a voz na Igreja (2)

Não espereis receber de mim todas as respostas de que necessitais.
Eu não sou um mestre perfeito,
apenas aprendo novas coisas a cada dia,
no próprio exercício de ensinar.
Santo Agostinho

Mariana Brant é cantora, fonoaudióloga e especialista em voz.

Ziza Fernandes – Qual a importância da voz em sua vida?
Mariana Brant – A voz é a identidade do indivíduo, assim como a impressão digital. Quando a gente conhece bem uma pessoa, só de ouvir seu "alô" ao telefone, conseguimos perceber como ela está. É uma marca essencial da nossa personalidade. Por exemplo, não dá para imaginar uma pessoa de estatura baixa, com o rosto pequeno, meiga, falando em intensidade muito forte ou com uma voz grave. Seria extremamente incompatível. As pessoas trazem suas histórias de vida na voz. Foi por perceber essa tamanha importância e por querer saber mais sobre esse universo encantador que escolhi estudar mais a voz. Minha voz é meu instrumento de trabalho. No meu dia-a-dia, exerço três atividades diferentes e em todas elas dependo da voz. Sou cantora, fonoaudióloga e professora de canto. Portanto, utilizo por um longo período de tempo seguido a minha voz. Algumas vezes, após minha jornada de trabalho, ainda aparecem algumas apresentações para fazer à noite. Minha voz deve estar limpa, boa, pronta para começar o novo trabalho.

ZIZA FERNANDES – **Você gosta da sua voz? A auto-estima interfere na sua qualidade vocal?**

MARIANA BRANT – Eu gosto da minha voz. Não só a minha auto-estima mas também o humor, o estado físico e psicológico controlam a qualidade vocal. Nos dias em que estou triste ou muito cansada, minha voz tende a ficar mais grave, com menos melodia. E é aí que devo tomar o maior cuidado, pois são nessas horas que eu tendo a forçar mais para falar e cantar, o que pode gerar algum problema vocal. Em compensação, quando estou bem, minha voz fica mais clara, firme, com mais melodia e até um pouco mais aguda. E olha que isso não acontece só comigo. Aprender a se escutar é muito importante.

ZIZA FERNANDES – **Para você, cantar é ser um atleta da voz? Ou apenas um *hobby*?**

MARIANA BRANT – Quando um indivíduo tem a voz como instrumento de trabalho, ou seja, tem uma grande demanda vocal, ele é chamado de profissional da voz e pode ser considerado um atleta da voz. Incluem-se nessa categoria: locutores, professores, advogados, políticos e, é claro, cantores. Os atletas são conhecidos por terem um treinamento árduo: usam os músculos por várias horas ao dia para que possam estar sempre em forma, prontos para os jogos, competições. No decorrer da atividade do canto, a musculatura envolvida na fonação tem uma sobrecarga muito grande. Há vários ajustes no trato vocal durante a emissão de sons diferentes, que podem ser fortes, fracos, agudos... Além disso, temos que contar com a movimentação corporal: a dança, que, às vezes, ocorre simultaneamente.

ZIZA FERNANDES – **Você cuida bem da sua voz? O que ou quais os maus hábitos que a prejudicam?**

MARIANA BRANT – Procuro tomar alguns cuidados para que minha voz suporte toda a sobrecarga. Existem algumas regras básicas, que sigo sempre, como: manter-me sempre bem hidratada, não fumar nem beber, evitar tossir e pigarrear, ficar longe de ambientes com ar condicionado e, principalmente, respeitar a hora do descanso e sono, indispensáveis para a reposição das energias. Para mim, é essencial manter uma alimentação leve antes das apresentações e evitar ao máximo comer antes de dormir. A alimentação noturna torna-se prejudicial devido ao refluxo gastresofágico. Quando o indivíduo come e logo se deita, o conteúdo gástrico do estômago, que está em plena atividade, tende a voltar pelo esôfago e pode alcançar a laringe e as pregas vocais, causando queimaduras e outros danos terríveis, que afetam a voz diretamente.

Ziza Fernandes – Como você define um bom cantor da música religiosa?
Mariana Brant – Um bom cantor é aquele que tem a consciência de suas capacidades e limitações. Tenta explorar e conhecer ao máximo suas aptidões e luta para superar as falhas. É preciso também saber se escutar, estar atento a toda e qualquer alteração que possa aparecer e, é claro, manter a saúde vocal. Mas ser um cantor religioso ainda exige mais do que isso. É preciso um cantar com a alma, deixando que toda a experiência espiritual transpareça na interpretação. É isso: é preciso ser transparente e sincero; viver intensamente o que se está cantando.

Ziza Fernandes – Se você compra um CD e a voz principal não lhe agrada, você o escuta de novo? Para você, qual é o atrativo principal de um CD?
Mariana Brant – Sinceramente, não. Porque, em primeiro lugar, sou apreciadora e estudiosa da voz e, sem dúvida, quando coloco um CD para tocar, é a voz que salta aos meus ouvidos em princípio. É claro que, além disso, tenho que perceber harmonia entre a voz e os instrumentos. Gosto muito das coisas simples, feitas com cuidado. É óbvio que a sofisticação tem seu lugar, se não é demais. Mas preciso sentir que tudo foi feito com o coração. Tenho que perceber a essência da canção e do cantor.

Ziza Fernandes – A voz pode ser o cartão de visita de uma banda, ou seja, ter mais importância do que a letra, o arranjo e a proposta ideológica ou espiritual?
Mariana Brant – Uma boa voz sempre chama atenção. Quantas vezes nos deparamos com alguma voz que sobressai quando estamos em uma fila de supermercado, ou como nos agrada ouvir um certo locutor de rá-

dio que nem conhecemos. A voz pode ser, e eu acredito que seja, um cartão de visitas das bandas, mas acredito que a associação de letra, melodia, arranjo e canto é indispensável. Você já imaginou um time de futebol em que só um jogador é bom? Ou um grupo de dança em que não exista nenhum entrosamento? Acho que deve contar o conjunto da obra. Mesmo porque gosto de alguns cantores que não possuem grandes vozes, mas que me agradam por serem bons compositores, por criarem belas canções e CDs e executarem bem o canto dentro de seus limites.

ZIZA FERNANDES – **Em sua opinião, no Brasil, os cantores religiosos podem fazer o movimento contrário ao que ocorreu nos Estados Unidos: estudar a música secular e, com isso, desenvolver a música religiosa? Ou isso fere sua espiritualidade?**

MARIANA BRANT – Acredito que esse é o caminho. Não existe outro. Deve-se abrir para outras experiências: conhecer as riquezas da música secular, para a música religiosa crescer. Imagine se todos os músicos religiosos ouvissem sempre as mesmas coisas, buscassem sempre as mesmas referências. Nunca ocorreria inovação. Seriam sempre os mesmos temas, os mesmos cantores, os mesmos arranjos, apenas com uma maquiagem diferente. Nas escolas, todos os músicos estudam sobre a história da música, passeiam pelos diferentes estilos musicais, conhecem várias coisas até conseguir perceber sua identidade musical e poder ter certeza de qual caminho seguir. Se o músico já teve uma experiência espiritual, não vai ser o estudo da música secular que vai tirá-lo do caminho ou ferir sua espiritualidade. Isso para mim é inconcebível.

ZIZA FERNANDES – **Qual a contribuição da música evangélica para a música católica no que diz respeito ao estudo vocal? E qual a influência da música católica sobre a evangélica no mesmo estudo? Entre a nova geração de cantores de música religiosa, como você vê a qualidade vocal dos diversos estilos musicais que estão se desenvolvendo?**

MARIANA BRANT – Na minha experiência como professora de uma escola de canto, que não tem vínculo nenhum com religião, percebo que os evangélicos procuram mais os centros de formação especializados. Nessa instituição, tenho vários alunos cantores evangélicos e nenhum cantor católico. Além disso, é muito comum ouvir músicas evangélicas em cerimônias católicas, o que quer dizer que eles têm mostrado novidades que agradaram aos católicos. Não sei se o contrário ocorre. Do que tenho ouvido, sinto que já houve alguma evolução, mas, na minha opinião, não é o suficiente. Vejo que falta essa busca da identidade. Ouço vários cantores que parecem ser meros imitadores de outros. E o pior é que sinto que eles não têm consciência disso. Acho que a maioria dos cantores religiosos é muito descuidada com a própria voz. Querem um bom resultado, sem se importar com o esforço que fazem para conseguir alguns timbres ou efeitos.

ZIZA FERNANDES – Qual a importância do estudo musical e do canto no meio religioso? Os cantores têm consciência real de seu nível musical e vocal? Você vê possibilidades reais dessa cultura de estudo ser adquirida?

MARIANA BRANT – Para ser reconhecido ou considerado bom em sua área, o profissional deve buscar o melhor: fazer cursos constantemente e estudar. A meu ver, isso não pode ser diferente no meio religioso. Os músicos e cantores devem estudar, sim. Não existe outra forma de crescer. É muito comum, em nosso meio, pessoas que começam a cantar ou tocar porque não há ninguém que assuma esse papel na comunidade, ou seja, para "quebrar o galho". Então montam um grupinho, começam a trabalhar e acabam tomando gosto pela atividade. É bonita toda essa disponibilidade, mas não o suficiente. Trabalhar com música, com arte é sempre muito prazeroso. As pessoas não podem se acomodar, principalmente se quiserem mesmo formar um ministério de música respeitado e conhecido. Eu acho que é possível mudar, sim, porque já vemos mudanças positivas de alguns anos para cá. Mas é preciso promover mais eventos educativos nessa área. É importante que os meios de comunicação ligados à religião falem mais sobre o assunto e ajudem a divulgar os cursos e oficinas promovidos em todo o país.

Ziza Fernandes – Como você qualifica a voz da música religiosa veiculada nos meios de comunicação atuais? Que influências são perceptíveis a seu ouvido?

Mariana Brant – Recentemente, tenho visto algumas coisas boas, mas também outras que não agradam aos meus ouvidos. Ouço muitas vozes com timbres lindos que, com alguma orientação e aulas de técnica, iriam melhorar muito. Infelizmente, como já citei antes, percebi muitas vozes menos cuidadas. Vários cantores religiosos, que estão em muita evidência no país e são até considerados referência vocal, não possuem cuidados básicos com a voz, talvez por falta de informação. A cultura do cuidar da voz ainda é pouco divulgada. É tão comum você assistir aos atletas fazendo aquecimento e alongamento corporais antes e depois das atividades. É tão difícil ver as pessoas com esses mesmos cuidados com a voz, fazendo aquecimento e desaquecimento vocais e tomando aqueles cuidados que são tão simples.

Ziza Fernandes – O que faz você lembrar de um cantor: o timbre da voz, sua técnica ou a maneira de cantar mais adequada dentro de seu estilo?

Mariana Brant – O timbre é a característica marcante da voz. Faz parte da identidade do cantor, mas precisa ser explorado. Com o estudo da técnica vocal, é possível identificar e treinar os inúmeros recursos do seu "aparelho vocal". É essencial ao bom cantor dominar sua voz. O estudo do canto faz com que a pessoa encontre sua identidade, seu estilo, mas, sem dúvida, um timbre forte e marcante chama bastante minha atenção.

Ziza Fernandes – Com base nos grupos religiosos do País, que você conhece, é importante o estudo do canto mesmo depois de muito tempo trabalhando com a voz?

Mariana Brant – Acho que todo cantor, não só o de grupos religiosos famosos, deve persistir em seu estudo durante toda a vida. Comecei a estudar canto há uns doze anos. Durante todo esse tempo, fiquei dois anos sem estudar. Como me fez falta! Quando retornei às aulas, percebi como são importantes para mim. E o estudo do canto não tem fim. Mesmo executando-o com técnica, mantendo os cuidados necessários à voz, o universo do canto é maravilhoso. Há tanto o que pesquisar, tanto o que experimentar...

ZIZA FERNANDES – Em sua opinião, o cantor deveria estudar um instrumento musical além da voz? Por quê?
MARIANA BRANT – É maravilhoso quando um cantor sabe tocar algum instrumento e entende a linguagem musical. Isso torna muito mais fácil a comunicação entre o cantor e os músicos. Ele ganha credibilidade e respeito de seus colegas de banda. Além disso, as canções ganham o seu toque, sua cara; o conjunto canto/canção entra em plena harmonia. E como é agradável ouvir uma canção "redonda", em que tudo se encaixa perfeitamente.

ZIZA FERNANDES – Uma vez que você é diretora de voz, arranjadora, maestrina ou música instrumentista, qual seria sua dica aos cantores para que o trabalho melhorasse?
MARIANA BRANT – Em primeiro lugar, pediria que todas as músicas fossem estudadas com detalhe: letra, melodia, arranjo musical, tudo... É necessário que todos tenham total domínio do repertório. O cantor deve perceber cada canção, se encontrar nela e, a partir daí, montar uma interpretação que traga sua marca, mas, ao mesmo tempo, que não ultrapasse a música, ou seja, o canto deve acompanhar a linha da melodia e da poesia; tudo tem que ficar claro, em harmonia.

ZIZA FERNANDES – O que você diria a um cantor que está iniciando a carreira?
MARIANA BRANT – A pessoa que deseja assumir a vida artística como sua profissão deve encarar todas as etapas como importantes. É preciso dedicar-se aos estudos, ser paciente e entender que as coisas não acontecem se não houver muito trabalho e dedicação. É fundamental cuidar do instrumento musical, aprender a se escutar, entender o que o corpo fala, o que o faz sentir bem e evitar ao máximo os hábitos prejudiciais ao bom funcionamento vocal.

Ziza Fernandes – **Como você vê a iniciativa deste livro como contribuição na construção de uma biblioteca direcionada ao cantor religioso?**

Mariana Brant – Considero este livro um passo importantíssimo para a profissionalização dos cantores. Um projeto inovador que, com certeza, trará muito frutos. Não é possível cuidar da voz sem o conhecimento de como fazê-lo, deixando claro que a falta de informação é a maior vilã dos cantores. Na minha opinião, a troca de experiências é fundamental para todos os que estão começando. É bom saber que as pessoas que a gente admira também já passaram por processos difíceis e possuem questionamentos como nós. Com a escrita é possível eternizar a palavra, livros têm um poder de alcance incrível: rompem a barreira da distância e levam informações tão importantes a lugares que a gente nem pode imaginar.

Ziza Fernandes – **Deixe sua mensagem aos leitores.**

Mariana Brant – Quando vemos um cantor no palco soltando a voz, temos a tendência de achar que tudo aquilo é muito simples. Não fazemos a menor idéia do esforço, do trabalho que foi realizado para que tudo ocorresse de maneira precisa. Nada na vida da gente acontece por um acaso. Alguns recebem um dom especial, mas mesmo esses devem trabalhar, lapidar a pedra bruta que recebem. O estudo do canto é belo, encantador e envolvente. A cada dia, o mercado musical, tanto secular quanto religioso, está mais competitivo. Somente aqueles que correm atrás têm chance, pois são realmente bons. E precisamos de gente competente para que a música católica possa ganhar mais espaço e alcançar a credibilidade que todos nós desejamos. A você, leitor, eu digo, é muito importante que se sinta realizado com o seu trabalho, saboreie cada momento para que seu canto possa atrair e tocar as pessoas.

Capítulo 25

Entrevista sobre a voz na Igreja (3)

Só o desejo de praticar o bem já produz a paz.
Santa Teresa de Jesus

Polyana Demori é licenciada em música – especialista em música popular brasileira –, cantora, compositora, produtora de voz e arranjadora vocal.

Ziza Fernandes – Qual a importância da voz em sua vida?
Polyana Demori – A minha voz é um meio de transmissão da minha missão e do meu trabalho. Procuro cuidar dela e deixá-la nas mãos de Deus para que a use da melhor forma para cumprir a missão que ele tem preparada para mim. Gosto de minha voz! Hoje aprendi a valorizar as qualidades e trabalhar em cima dos defeitos, num caminho de conversão com minha própria auto-estima. Com certeza, a pessoa que se ama traz uma beleza especial na vida, refletida também na voz. Isso não quer dizer que quem tem auto-estima vá cantar afinado e com uma colocação perfeita. Uma boa auto-estima ressalta outras qualidades na voz, como segurança e outras belezas que moram num lugar especial da relação entre o cantor e o ouvinte.

Ziza Fernandes – Para você, cantar é ser um atleta da voz? Ou apenas um *hobby*?
Polyana Demori – Algum dia pode ter sido *hobby*! Hoje canto mesmo sem vontade... É minha missão, meu trabalho. Acho que me encaixo mais no atleta da voz. Preciso me cuidar, aquecer, treinar, para, enfim, jogar.

Voz: expressão da vida | 85 |

Ziza Fernandes – Você cuida bem da sua voz? O que ou quais os maus hábitos que a prejudicam?

Polyana Demori – Confesso que nem sempre faço isso. Procuro me afastar de algumas coisas que fazem mal à minha voz e trabalhar com ela quando necessário e possível. Fatos que prejudicam minha voz: beber gelado antes ou logo após o uso vocal intenso (*shows*, aulas, ensaios etc.); o cansaço e a tensão, que são os piores inimigos da minha qualidade vocal; o abuso corporal (correria, emocional abalado, estado de tensão), e o próprio exagero vocal; quando canto muito num determinado dia, sem aquecimento, sem cuidados, no outro dia, minha voz fica comprometida.

Ziza Fernandes – Como você define um bom cantor da música religiosa?

Polyana Demori – Um cantor sempre expressa no canto sua vida, a não ser quando este assume um papel, um personagem. Quando um cantor da música religiosa assume um trabalho missionário em que expressa seu carisma, sua personalidade, sua voz, enfim, sua vida, demonstrando qualidade e equilíbrio em todas essas áreas, é um bom profissional. Espera-se que tenha uma espiritualidade intensa e verdadeira, sem falsidades ou romantismos; que seja seguro e busque uma boa formação enquanto pessoa e que, com certeza, tenha uma boa voz (estudada, trabalhada, cuidada e principalmente personalizada – que não fique imitando outros cantores).

Ziza Fernandes – Se você compra um CD e a voz principal não lhe agrada, você o escuta de novo? Para você, qual é o atrativo principal de um CD?

Polyana Demori – Posso voltar a ouvi-lo se houver outras coisas que me agradem ou interessem. A letra, por exemplo, ou o carisma que aquele CD traz consigo, pode me agradar. Falando da área técnica musical, sou uma estudante da música, portanto, dou importância a tudo, mas a voz, com certeza, é o principal atrativo para mim... depois me atento ao *backing vocal*, aos arranjos instrumentais e às execuções deles. Há muitos detalhes que me interessam num CD.

ZIZA FERNANDES – Em sua opinião, no Brasil, os cantores religiosos podem fazer o movimento contrário ao que ocorreu nos Estados Unidos: estudar a música secular e, com isso, desenvolver a música religiosa? Ou isso fere sua espiritualidade?

POLYANA DEMORI – Eu faço esse movimento. Comecei minha vida musical estudando piano erudito e cantando música popular brasileira. Hoje trabalho nas duas realidades – religiosa e secular. Não gosto muito dessa separação de meios, mas sei que ela existe na cabeça das pessoas. A minha espiritualidade firma-se no meu relacionamento com Deus e com meus irmãos que buscam o mesmo Senhor que eu. Cuido para não perder minha direção... É um caminho que exige mais coragem e ajuda dos amigos de missão, mas isso não é motivo que desvie um músico de sua espiritualidade.

ZIZA FERNANDES – Qual a importância do estudo musical e do canto no meio religioso?

POLYANA DEMORI – É tão importante quanto a busca de um médico pelas novas descobertas da ciência. Um bom cantor reúne muitos aspectos. No meio religioso, muitas vezes, vejo o estudo do canto como último plano. Acredito que os cantores têm consciência do seu nível musical e vocal (alguns, pelo menos), mas não buscam o estudo por motivos diversos: "não tenho tempo para estudar canto", ou "as pessoas já gostam da minha voz assim, não preciso estudar mais", as justificativas são infinitas... Quanto à minha opinião, o estudo é "necessaríssimo". A voz é o nosso cartão de chegada à vida das pessoas. Elas merecem qualidade!

ZIZA FERNANDES – Em sua opinião, o cantor deveria estudar um instrumento musical além da voz?

POLYANA DEMORI – Acho importante que o cantor tenha conhecimentos musicais, o que é mais que "estudar um instrumento musical". Por quê? É muito eficiente um trabalho em que o cantor domine teoria e harmonia e tenha uma visão histórica musical e conhecimentos básicos dos instrumentos que o acompanham. O trabalho terá um rendimento maior, e os músicos instrumentistas ficarão seguros em acompanhar esse cantor.

ZIZA FERNANDES – O que você diria a um cantor que está iniciando a carreira?

POLYANA DEMORI – Cantor... antes de tudo, veja se é isso mesmo que você quer! Se a resposta for positiva, saiba que o preço é alto para que o resultado seja de boa qualidade (assim como é alto para qualquer outro profissional que queira realizar um trabalho eficiente). Coragem! Se precisar de algo... estamos aí!

ZIZA FERNANDES – Como você vê a iniciativa deste livro como contribuição na construção de uma biblioteca direcionada ao cantor religioso?

POLYANA DEMORI – Um ato de muita coragem. Como é um meio escasso de informação, será um livro muito procurado e de grande valia para os cantores religiosos.

ZIZA FERNANDES – Deixe sua mensagem aos leitores.

POLYANA DEMORI – Espero que, com tudo o que você já leu até aqui, sua vontade de buscar conhecimento e sabedoria tenha dobrado, triplicado... Não pare, cantor! Não pare, músico! Não pare, você que está lendo isto agora! A estrada a percorrer é muito longa! Mas vale a pena! Deus não desistiu de você, pagou o preço da cruz por sua vida! Viva na graça dele sempre! É a única forma de nos tornarmos melhores!

Capítulo 26

Entrevista sobre o canto na Igreja (1)

Quanto maior é o amor de alguém a Jesus Cristo,
tanto mais firme e viva é a sua fé.
SANTO AFONSO DE LIGÓRIO

Eugênio Jorge da Silva é cantor, compositor, apresentador de televisão e fundador da Missão Mensagem Brasil.

ZIZA FERNANDES – **Para você, o que significa cantar?**
EUGÊNIO JORGE DA SILVA – Depois que comecei a cantar, não simplesmente para Deus, mas sim o próprio Deus na vida das pessoas, para mim, o canto passou a ser algo tão importante quanto o ato de me alimentar, beber água, porque isso passou a compor a minha vida. Eu não sabia que necessitava tanto de cantar, não um cântico qualquer, mas sim a glória de Deus. E quando comecei a cantar a glória de Deus, me senti mais gente, cresci, me tornei pessoa.

ZIZA FERNANDES – **O canto apresentou algum desafio em sua vida?**
EUGÊNIO JORGE DA SILVA – Eu tinha medo do mundo, eu tinha medo das coisas, eu tinha medo das pessoas, eu tinha medo de tudo, eu tinha medo de não ter o que dar, não ter o que ser, porque a minha história era muito difícil, uma história de muito sofrimento, de uma educação e uma formação muito simples, muito humilde, de realidade de fome, de ausência de pai, de ausência de casa mesmo, de ausência de tudo. Descobri no canto, no meu cantar, que dentro de mim existia algo maior do que as minhas necessidades externas. Quando comecei a cantar, fiz uma descoberta: Deus

VOZ: EXPRESSÃO DA VIDA | 89 |

não estava tão distante como eu imaginava. Deus estava perto, estava dentro de mim e se preocupava comigo mais do que eu mesmo. Cantar foi como abrir a torneira para que eu pudesse beber dessa água que eu sempre ansiei, porém nunca tive acesso a ela. Ninguém podia me dar dessa água, porque ela estava dentro de mim. Agora eu entendo melhor quando ele diz: "Se o coração abrir, águas vivas do interior irão fluir". Comecei a cantar e não posso mais parar, porque é água viva, e a graça está em que eu não fiz nada.

ZIZA FERNANDES – **Você já estudou técnica vocal?**

EUGÊNIO JORGE DA SILVA – Eu não conheço nenhuma técnica, nunca entrei numa escola de música, nem sei distinguir *dó* de *mi*. Mas distingo quando Deus canta e quando sou eu que estou tentando cantar uma música vazia e sem vida. Graças a Deus, fazendo essa distinção, eu persigo insistente e incessantemente deixar que Deus cante em mim. Daí o motivo pelo qual eu acredito na eficácia do meu ministério e do quanto as pessoas são alcançadas pela graça de Deus quando eu canto.

ZIZA FERNANDES – **Aonde você crê que chega seu ministério?**

EUGÊNIO JORGE DA SILVA – Eu nunca me esqueço de uma frase que uma criança de 6 anos me falou. Eu estava na livraria Mensagem Brasil, em Cruzeiro, e essa criança entrou com a mãe e disse toda alegre para o irmão: "Juninho, é ele quem canta aquela música que você tanto gosta: *Ninguém te ama como eu*". O garoto me pediu para cantar um pedacinho. Antes que começasse a cantar, o menino perguntou à mãe: "Mãe, então é ele que tem a voz de Deus?". E ouvi nas palavras daquela criança uma confirmação do meu ministério e a alegria tranquila de saber que era Deus cantando em mim quando canto. Quando é Deus que canta, o mundo se cala para ouvir.

ZIZA FERNANDES – **O que você pensa daqueles que tiveram a oportunidade de estudar música?**

EUGÊNIO JORGE DA SILVA – Que privilégio, que graça! É pura graça, e dessa graça se enche a Terra, dessa graça se enche o céu também. Graças a Deus, hoje é uma multidão que canta, que está fazendo essa descoberta. Nunca estudei, mas não posso dizer que isso vai acontecer com todo mundo, não sei se é regra. Talvez seja uma exceção, nem sei direito o que Deus fez comigo, sei que fez um milagre. Por isso eu tenho que dizer: você pode e deve estudar, eu teria estudado, se tivesse condições. Certamente, se tivesse me aprofundado mais nessa área, sem me encher de orgulho pelo conhecimento adquirido, eu serviria ainda melhor a Deus.

Ziza Fernandes – Qual é o maior desafio para quem opta por investir no estudo da música?

Eugênio Jorge da Silva – Acho que o desafio para quem aprende, para quem sabe muito está em não se encher de orgulho. Como eu não tenho nada, não aprendi nada e não tenho nenhum conhecimento... embora muitos pensem que eu tenha, eu não tenho do que me orgulhar. Só me orgulho mesmo da escolha que Deus fez e da sua cruz. Cada um tem o seu espinho e até acho maravilhosa aquela passagem de são Paulo que diz: "O Senhor enviou um anjo de Satanás que me esbofeteia dia e noite, um espinho na carne, para que as grandezas das revelações não me levem ao orgulho e à vaidade" (cf. 2Cor 12,7). É exatamente isso! Eu tenho a minha história, os meus espinhos, que, graças a Deus, não me permitem ficar orgulhoso, porque quem está no seu lugar não precisa se orgulhar. Orgulha-se quem deseja ocupar o lugar dos outros. Eu não tenho que ocupar o lugar de ninguém, só tenho que ser eu mesmo e cantar o canto que Deus quer cantar em mim.

Ziza Fernandes – O que você deseja para nossos leitores?

Eugênio Jorge da Silva – Deus canta com muitas vozes. Deus canta em quem quer e quando quer, porque ele é o vento do Espírito que sopra. Desejo, sinceramente, que Deus cante cem vezes mais em ti do que tem cantado em mim, para que todo ministério seja frutuoso no Senhor e para que o povo que está aí sendo enterrado vivo, debaixo de escombros, possa encontrar razão de ser, de viver e também de cantar.

Capítulo 27

Entrevista sobre o canto na Igreja (2)

Nada estará perdido enquanto estivermos em busca.
SANTO AGOSTINHO

Pe. Joãozinho é uma das pessoas por quem me sinto mais apoiada e bem cuidada em meu trabalho como compositora e intérprete na Igreja católica. Não nos encontramos sempre, mas é lindo ver que temos a porta da alma aberta para alguém. Quando chega em nossa casa, vai direto à cozinha tomar um café ou esperar o almoço ficar pronto. Amigo de cozinha. Já não há mais cerimônias. Assim é pe. Joãozinho, scj, em minha vida. Já faz tempo que queria partilhar esta entrevista, pois revela idéias incríveis sobre música na Igreja. Deixei as respostas exatamente como foram dadas, por isso compreenda e leia imaginando nossa conversa.

Entrevista realizada na turnê *Canta Coração*, no Crato – CE, numa noite de folga entre os *shows*.

ZIZA FERNANDES – **Você cuida bem da sua voz?**
PE. JOÃOZINHO – Não. Porque acho que cuidar bem da voz exigiria certos sacrifícios que não estou disposto a realizar sempre.

ZIZA FERNANDES – **O que você faz quando está rouco?**
PE. JOÃOZINHO – Eu faço gargarejo com sal. Li estudos científicos, principalmente nos Estados Unidos, de otorrinolaringologistas, que chegaram à conclusão de que água morna e sal grosso são a mistura que dá mais efeito na recuperação das cordas vocais estressadas. Então faço isso, mas sinto que

de um dia para o outro não adianta, é preciso uns três dias de repouso vocal para a voz voltar ao normal. Então procuro ficar em silêncio mesmo.

ZIZA FERNANDES – Para você, cantar é ser um atleta da voz? Ou apenas um *hobby*?

PE. JOÃOZINHO – Eu não gosto de cantar (*risos*). Não sei por quê, nunca pensei a respeito, mas não gosto. Mas eu canto porque... quem deu a melhor definição para mim foi aquela música do Milton Nascimento *Nos bailes da vida*, "cantando me desfaço e não me canso de viver nem de cantar...". É como se fosse fermentando alguma coisa dentro de mim, uma água que vai fervendo como a da chaleira da minha avó que, quando fervia, apitava. Parece que vai fervendo, fervendo, chega uma hora que transborda canções.

ZIZA FERNANDES – Como você define um bom cantor da música católica?

PE. JOÃOZINHO – Eu acho que o bom cantor é aquele que usa a voz de maneira artística, comunicativa e penetrante como uma flecha. Há certos cantores cristãos que cantam, e a canção entra nas pessoas. Naturalmente, vão se aquietando, e a canção vai falando mais alto, mesmo que o som esteja ruim. A canção, a mensagem, a força, a voz, o timbre, a melodia, tudo vai formando, vai criando uma relação com as pessoas. Agora, há pessoas que cantam e têm até belas mensagens, mas essa relação não se estabelece.

ZIZA FERNANDES – Por que você acha que essa relação não se estabelece?

PE. JOÃOZINHO – Olha, acho que são várias coisas: talvez não tenham carisma de cantar dentro dessas pessoas, nem técnica suficiente; talvez elas não tenham mesmo preparo técnico. Eu conheço pessoas que têm até belas mensagens, belas canções, belos poemas, mas não se prepararam nada tecnicamente, então soam desafinadas, com pouco valor profissional, tornando-se desacreditadas pelas pessoas por falta de beleza exterior, outras vezes por falta de verdade. Parece que é uma coisa mais estética mesmo. Então não convence, porque o princípio do bom cantor é aquele que Cristo deixou: "A boca fala ou canta do que o coração está cheio". É preciso antes deixar transbordar o coração e, em seguida, a canção. Eu entendo que o bom cantor é aquele que deixa transbordar o coração.

Ziza Fernandes – Você gosta da sua voz?

Pe. Joãozinho – Eu acho que aprendi muito gravando. Esse negócio de escutar a voz aconteceu com freqüência no estúdio, na prática mesmo, porque houve um período em que eu gravei muito, muito. Então, foi ali, no estúdio, que comecei a perceber que havia um espaço em que a minha voz conseguia ser menos ruim. Também comecei a perceber que a voz é um timbre, é uma coisa determinada, você não tem como modificar, a não ser que crie uma voz meio artificial. É como a beleza natural, você pode até se maquiar, mas tem uma beleza despida, uma beleza nua, natural. Eu acho que a beleza na canção não é tanto a beleza da voz, mas sim da sua manipulação. Vamos supor, é como um barro, uma argila, que pode ser de boa qualidade para fazer uma escultura. Se for uma argila muito ruim, talvez o artista não consiga fazer uma boa escultura, porque não vai modelar, mas sim esfarelar. Existem vozes que têm timbre naturalmente. Uma voz exageradamente grave soaria esquisita, ou muito estridente, sei lá, uma voz desequilibrada, exótica. Apesar de que existem pessoas que trabalham o exótico e fica bonito também. Então até isso acho que é relativo. Mas, normalmente, isso depende muito mais da percepção musical e da capacidade de articulação da voz de modo artístico. Então, uma voz pode não ter um timbre tão interessante e soar bonita. Por exemplo, eu não acho o timbre da Barbra Streisand muito interessante; é anasalado, opaco e até meio rouco às vezes, mas o que ela faz com o pouco material vocal que tem é muito legal. Ela trabalha de maneira muito interessante. Então, uma argila não tão boa pode dar uma obra de arte interessantíssima. E é isso que me dá um pouco de esperança.

Ziza Fernandes – Em sua opinião, qualquer pessoa pode cantar?

Pe. Joãozinho – Eu tenho ouvido dizer que quem canta bem é porque começou imitando outros cantores. Eu nunca imitei outros cantores. Mas pessoas que cantam em barzinho, por exemplo, costumam interpretar vários estilos e, de repente, encontram o espaço delas, que ninguém fez, com uma referência elaborada por outros. São treinadas na percepção.

ZIZA FERNANDES – **Você acha que a imitação de cantores ocorre na Igreja?**
PE. JOÃOZINHO – Acho que sim. Cada vez mais, porque hoje há boas referências musicais. Eu percebo que, às vezes, as pessoas, quando cantam uma música de pe. Zezinho, o fazem com a interpretação dele, porém poderiam expressar a própria interpretação. Acredito que falta uma escola de interpretação musical na Igreja. A Igreja católica foi, durante muito tempo, o berço da música ocidental (por exemplo: o canto gregoriano), mas sofreu um trauma histórico quando o gregoriano foi substituído pelos corais polifônicos, que ocuparam o espaço da Igreja, o coro, utilizado como um espaço de apresentação durante a missa. Isso ocasionou um divórcio entre o ritmo litúrgico e a expressão artística. Então acontecia uma missa lá na frente e no fundo tinha um coral cantando do começo ao fim. Houve, então, uma separação entre o litúrgico e o estético. O bom e o belo se separaram. O bom seria a mensagem que está sendo celebrada ali, e o belo, aquilo do que ela se reveste. O belo ganhou uma finalidade em si, lá atrás no coro. As pessoas só faltavam virar para trás. A Igreja ficou abalada com isso. A mesma coisa ocorreu com o teatro que acontecia dentro do templo. Então se criou o conceito de "pró-fano". O belo de dentro do fano, que é o templo, foi jogado para fora do fano. Fora da Igreja.

ZIZA FERNANDES – **Você acredita que nós estamos vivendo um tempo de reconquista do belo na Igreja?**
PE. JOÃOZINHO – Acredito que sim. A carta do Papa aos artistas fala de fato da reconciliação do bom e do belo, a partir do filósofo Platão. Ele inclusive cita Platão, que diz que o belo é o refúgio do bom, o ninho da verdade. Por sua vez, esta se refugia na beleza, que é uma forma de a verdade chegar até as pessoas.

ZIZA FERNANDES – **Em sua opinião, no Brasil, os cantores católicos podem fazer o movimento contrário ao que ocorreu nos Estados Unidos: estudar a música secular e, com isso, desenvolver a música católica?**
PE. JOÃOZINHO – Pode haver isso, está havendo. Porém temos que aprender com os evangélicos, porque há vários riscos. Por exemplo, em geral, a música evangélica brasileira tem sotaque norte-americano. Dificilmente você

vê um evangélico cantando bossa-nova. É claro que existem exceções, mas, normalmente, as músicas têm uma impostação melódica e rítmica bem norte-americana, isso quando eles não usam *playback* gravado nos Estados Unidos e põem a voz aqui, numa versão ruim da letra, às vezes, mera tradução. A música católica brasileira não deve nada para a música evangélica brasileira. É claro que temos muito que aprender com a música evangélica de outros países. Abertura de coração para aprender sempre é sinal de sabedoria. Outro problema, a música evangélica também separou o belo do bom. Hoje você encontra muitas bandas evangélicas no Brasil que perderam a referência daquilo que cantam. Tornaram-se bandas comerciais revestidas de alguma caricatura de estilo, como é o caso do *rock* pesado. Há bandas católicas que seguem esse péssimo exemplo. É preciso usar a criatividade. Fomos criados à imagem e semelhança de um Deus criativo e criador.

ZIZA FERNANDES – **Entre a geração mais jovem de música religiosa, como você vê a qualidade vocal dos diversos estilos musicais que estão se desenvolvendo no País?**

PE. JOÃOZINHO – Penso que existem vários níveis. Há trabalhos muito ruins. É o caso daquelas pessoas idealistas e santas que sonharam em gravar um CD, mas não se prepararam para isso em termos vocais. Escolhem um repertório ruim, gravam e distribuem ali na paróquia, e as pessoas compram por caridade. Conseguem veicular mil CDs e, depois, a banda termina porque eles brigam por causa de dinheiro ou algum tipo de vaidade. Posso estar sendo muito pessimista, mas é preciso algum preparo anterior para gravar um CD. Hoje se grava até no próprio computador. A técnica eletrônica está mais acessível. Mas é preciso melhorar aquilo que o computador não resolve. Existem pessoas que dizem: "Depois, na mixagem, a gente resolve". Pura ilusão. Não há como corrigir falhas de interpretação sem tornar o resultado final artificial ou falso. Infelizmente, nossa qualidade vocal ainda não é tão boa quanto a qualidade instrumental. É impressionante, por exemplo, como surgiram bons contrabaixistas e bateristas nos últimos anos na Igreja Católica. O mesmo não se pode dizer de intérpretes vocais. Mas não quero ficar nesse caso. Há boas produções que, às vezes, nos surpreendem positivamente. Nem sempre elas estão nas gravadoras. Ultimamente tenho ouvido CDs católicos independentes que são muito bons. Eu cito só um exemplo, Ir. Maria Angélica, do Carmelo do Camaragibe, em Recife. Trata-se de uma produção de custo baixo, mas do ponto de vista vocal é precisa, de muito bom gosto, quase sem gasto nenhum, porque é quase tudo seqüenciado. Só tem um violão de verdade que consegue passar a mensagem.

ZIZA FERNANDES – **Para você, se a produção vocal do CD fosse melhor, a receptividade seria maior?**
PE. JOÃOZINHO – Não. A produção inteira, não somente o aspecto vocal, deve ser boa. É preciso cuidar também da qualidade das composições. Muitas pessoas fazem canções, porque querem gravar um CD. Deveria ser o contrário: gravar um CD, porque possuem composições belas e originais.

ZIZA FERNANDES – **Para você, a voz é o cartão de visita de uma banda?**
PE. JOÃOZINHO – Deveria ser.

ZIZA FERNANDES – **Se você compra um CD e a voz principal não lhe agrada, você o escuta de novo?**
PE. JOÃOZINHO – Não. Mas eu tenho uma outra idéia. A figura do compositor anda meio esquecida hoje. Ele é a pessoa fundamental na música. Muitas vezes, ele não tem uma boa voz, é até mesmo desafinado, porém recebeu de Deus o surpreendente dom de compor belas canções. Precisamos descobrir e incentivar essas pessoas. Além disso, alguém tem que tirar da cabeça do compositor que a única forma de divulgar seu trabalho é gravando um CD. Quem fizer uma música genial e original pode ficar tranqüilo: ela estará para sempre gravada em muitos corações. Isso é o que realmente importa.

ZIZA FERNANDES – **A produção musical católica poderia melhorar se os cantores estudassem mais?**
PE. JOÃOZINHO – Não tenho nem dúvida; até músicas ruins poderiam emplacar.

Ziza Fernandes – Que atitudes os cantores católicos deveriam tomar para melhorar o nível vocal?

Pe. Joãozinho – Olha, bastaria que se recuperasse a tradição perdida em razão dessa crise a que me referi antes. Existia um espaço, desde o princípio do cristianismo, que chamava *Schola Cantorum*. Era a escola dos cantores. Isso é muito antigo na Igreja. Quando você não se ama o suficiente, acaba expressando algo distorcido de si mesmo, pois falta auto-estima. Penso que, a certa altura, a Igreja católica perdeu a auto-estima e se tornou tímida naquilo que expressava de si mesma. Um exemplo são as rádios católicas que não tocavam mais músicas católicas, mas somente músicas populares, além de terem vergonha de falar de si, da própria identidade.

Ziza Fernandes – A música católica veiculada na grande mídia não é vocalmente boa?

Pe. Joãozinho – Não, mas é uma amostra pequena, vamos dizer assim, a pontinha de um *iceberg*, porque, na verdade, o que está aparecendo ali é o eco popular daquilo que os bons compositores e músicos católicos estão fazendo.

Ziza Fernandes – Em sua opinião, por influência da mídia, a necessidade do belo vai chegar?

Pe. Joãozinho – Espero que sim. Está se abrindo um nicho de mercado. Você entra em uma livraria e, ali, há os nichos. Hoje, os livros católicos são classificados nas grandes livrarias como esoterismo, religião e espiritismo. Lá, você encontra a Bíblia. Então espero que chegue o tempo em que existirão muitos homens e mulheres de boa vontade que entrarão em qualquer loja de *shopping* e perguntarão: "O que saiu de novidade na música católica?". Eles, que realizam pesquisa de mercado, vão anotar: "'Trezentas pessoas neste mês perguntaram sobre música católica". O dono da loja vai concluir que precisa procurar produtos de qualidade nessa área. Naturalmente, encontrará gravadoras investindo em boa música católica.

Ziza Fernandes – Como você vê o surgimento de cantores na Igreja? Há mais homens ou mulheres?

Pe. Joãozinho – Pois é, curioso... na música popular brasileira, existe um surgimento maior de cantoras do que de cantores. Parece que as mulheres estão mais espertas. Na música católica, há um equilíbrio entre homens e mulheres que cantam. Eu acho que há muito homem cantando mal e que as mulheres que cantam estudam mais e são mais dedicadas. Eu citaria mais cantoras para um "primeiro time" do que cantores...

Ziza Fernandes – Em relação aos grupos brasileiros que você conhece, qual é a porcentagem deles que estuda canto?
Pe. Joãozinho – Arrisco dizer que se estuda muito pouco. O que existe de estudo é muito informal e assistemático. Penso que precisaria haver uma proposta de estudo sistemático, formal e continuado. Com isso, a música católica teria muito a ganhar.

Ziza Fernandes – Em sua opinião, o cantor deveria estudar um instrumento? Por quê?
Pe. Joãozinho – Sim. O instrumento musicaliza. A impressão que eu tenho é a de que um instrumento serve de apoio interno. Por exemplo, quando estou pensando uma música, eu penso a música no braço do violão. Eu consigo até escrever a partitura imaginando o braço do violão. Isso me ajuda, consigo compor melhor com instrumento do que sem. O instrumento é um amigo de quem canta, mesmo que ele não seja profissional naquele instrumento.

Ziza Fernandes – O que você diria a um cantor que está iniciando a carreira?
Pe. Joãozinho – Antes de cantar cinco minutos, faça cinqüenta minutos de silêncio. Estou convencido de que as boas canções e as belas mensagens nascem do silêncio. É nele que a gente escuta a voz de Deus, porque somos apenas ecos criativos do Criador. Criativos porque colocamos algo nosso na canção, nem que esse "nosso" seja a desafinação. Minhas canções e palestras serão melhores à medida que forem cultivadas no silêncio da oração. Era isso que eu diria. Faça muito silêncio, pois o silêncio é a voz do coração!

Capítulo 28

Considerações finais

O amor é o complemento do ensino.
SANTO AGOSTINHO

Quando se termina um projeto, tem-se a sensação de que o caminho só foi iniciado, que a porta do conhecimento se abriu e que a mão já está no arado, pois ainda há tanta vida para viver, tanto canto para cantar, tantos livros para ler...

No final deste nosso caminho tão humano e musical, lembro-me de uma frase de Thomas Merton que me salta à memória: "É salutar calar-se, pois nunca saberemos o suficiente. O saber só é caminho para o céu, mas não é o céu ainda...". Realmente, o melhor e mais sábio seria reconhecer que ainda não se sabe muita coisa, que a partilha é o segredo da eternidade, e a humildade precede a glória...

Meu coração vela em oração por todos aqueles que usam da música para amar mais, para ser felizes, para melhorar o mundo, para promover a paz, para amar mais a Deus e a si mesmos. Peço a Deus que essa ousadia transformada em livro seja instrumento de paz e crescimento para você.

Na santa Eucaristia nos encontraremos... É o encontro sagrado dos amigos!

Capítulo 29

Guia de estudo do CD didático e partituras dos exercícios

O caminho certo é a confiança simples e amorosa.
SANTA TERESA DE JESUS

FAIXA 1: ASAS DO QUERER (Ziza Fernandes / Arranjos: vocal – Polyana Demori; instrumental – Alexandre Malaquias)

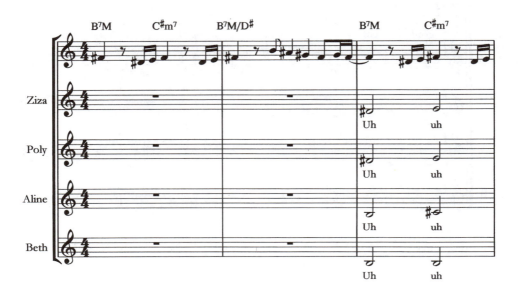

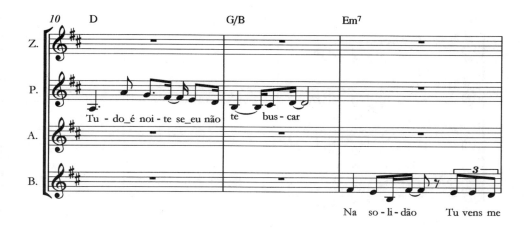

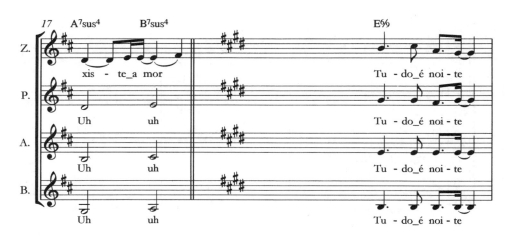

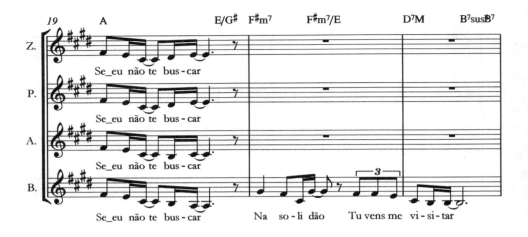
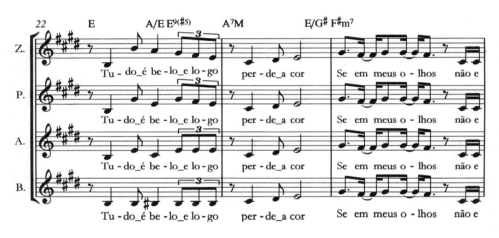
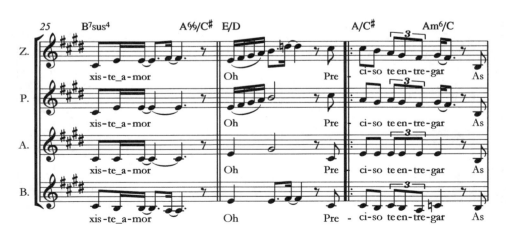

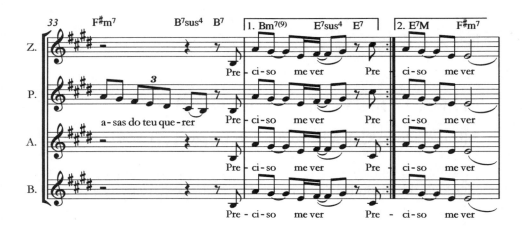

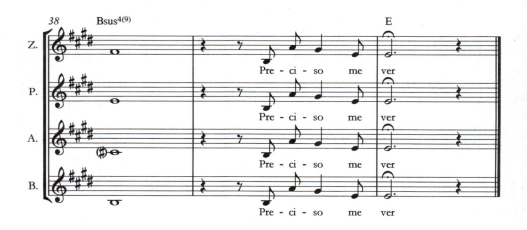

FAIXA 2: Direção para o estudo do CD

Bem-vindo ao CD didático do livro *Voz: expressão da vida*.

É uma alegria poder partilhar com você exercícios simples de técnica vocal, que podem ajudar diretamente na melhora de sua voz e na aquisição de musicalidade.

ONDE ESTUDAR?

Para começar os exercícios, procure estar tranqüilo, de preferência em um lugar adequado e reservado, para que você se sinta livre e possa realizar todos os passos propostos.

POSSO MUDAR A ORDEM DOS EXERCÍCIOS?

O CD foi preparado como uma aula completa de técnica vocal, leitura musical e vozes harmonizadas. De preferência siga a ordem proposta dos exercícios que está no CD, pois ela foi pensada de forma a propor dificuldades crescentes no que diz respeito a leitura, musicalidade e esforço muscular da prega vocal.

PARTITURAS

Para que o trabalho vocal seja visualizado e disciplinado, procure acompanhar as partituras de cada exercício, para que sua construção não seja somente a nível vocal, mas musical.

PARTITURA PARA CANTO EM GRUPO

É muito importante o desenvolvimento harmônico no ouvido de um cantor. Esse desenvolvimento não é somente auditivo ou intuitivo, mas de leitura musical. Baseado nesta disciplina de leitura, afinação e concentração, procure encontrar seu lugar nas vozes propostas nas partituras e se atreva a compreender e exercitar o canto em grupo.

Desfrute muito desta nossa primeira aula! Que o Espírito Santo o acompanhe e o faça o melhor cantor possível.

Bom trabalho!

FAIXA 3: Exercício de respiração

Para despertar a musculatura e preparar o corpo para o trabalho proposto, vamos começar com exercícios muito simples de respiração.

1. Primeiro inspire pelo nariz e solte o ar pela boca lentamente.

2. Agora inspire pelo nariz e solte o ar lentamente com som de **s**.

3. Inspire pelo nariz mais uma vez e solte o ar com sons de **sss** (*staccato*).

4. Inspire pelo nariz e solte com quatro sons diferentes **s f x pah**, preparando o diafragma para o trabalho que vem.

FAIXA 4: Exercício de ressonância inicial

Com a musculatura já desperta pela respiração, vamos começar com exercícios de ressonância.

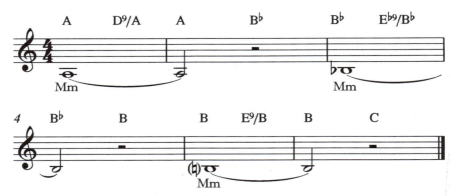

Segue subindo em semitons até o trecho abaixo, finalizando no tom inicial.

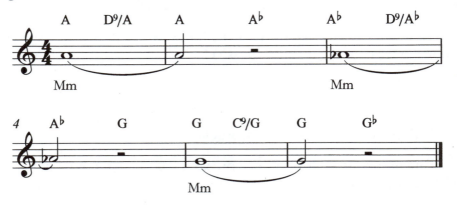

FAIXA 5: Exercício de ressonância com vogais

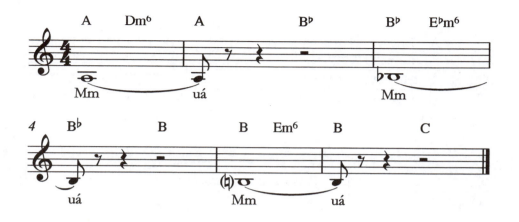

Segue subindo em semitons até o trecho abaixo, finalizando no tom inicial.

Observação:
Variar o exercício com as vogais **ué, ui, uó e uu**.

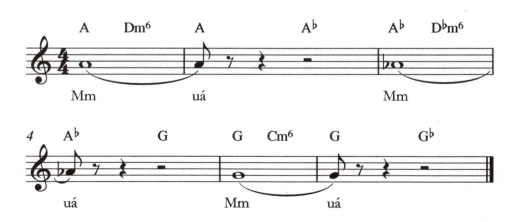

FAIXA 6: Exercício de ressonância com 2ª Maior

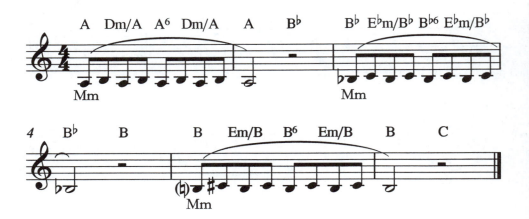

Segue subindo em semitons até o trecho abaixo, finalizando no tom inicial.

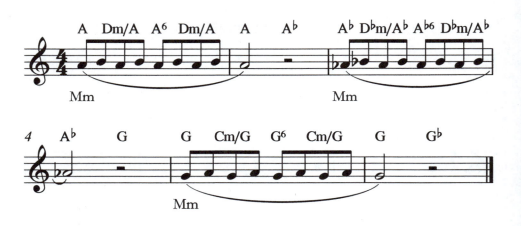

FAIXA 7: Exercício de ressonância em 2ª Maior com vogais

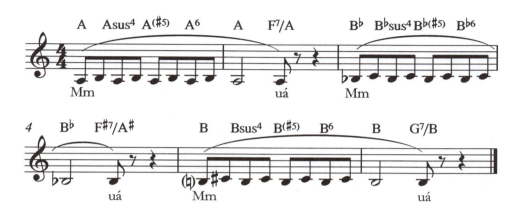

Segue subindo em semitons até o trecho abaixo, finalizando no tom inicial.

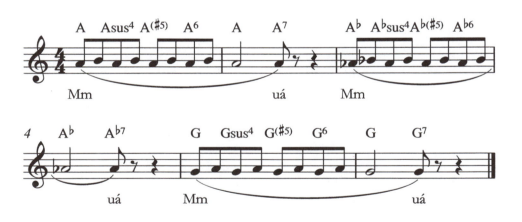

FAIXA 8: Exercício para escalar uma 3ª Maior (vibrante)

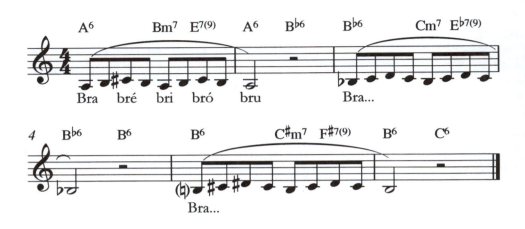

Segue subindo em semitons até o trecho abaixo, finalizando no tom inicial.

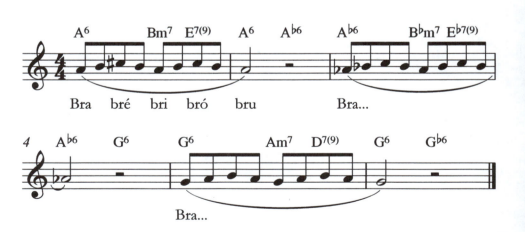

FAIXA 9: Exercício em saltos de 3ª Maior (vibrantes)

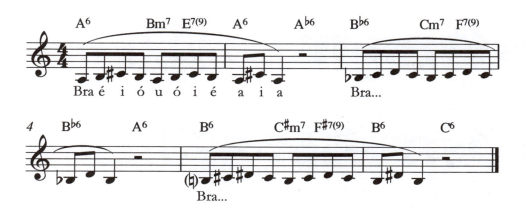

Segue subindo em semitons até o trecho abaixo, finalizando no tom inicial.

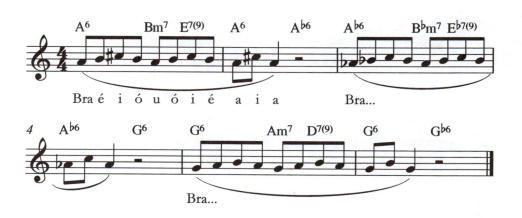

FAIXA 10: Exercício com a pentatônica Maior 1

Segue subindo em semitons até o trecho abaixo, finalizando no tom inicial.

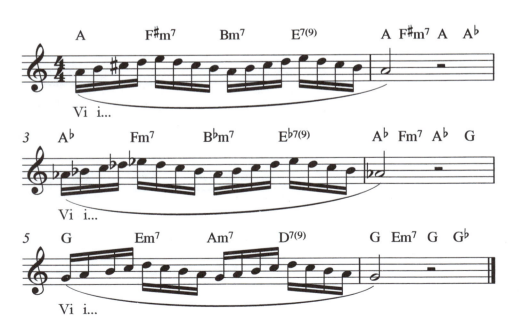

FAIXA 11: Exercício com a pentatônica Maior 2

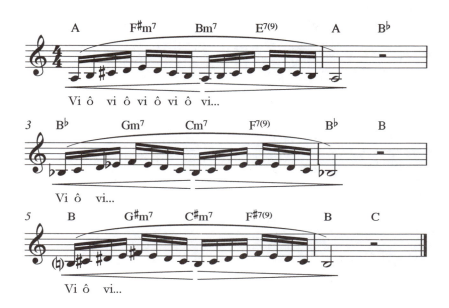

Segue subindo em semitons até o trecho abaixo, finalizando no tom inicial.

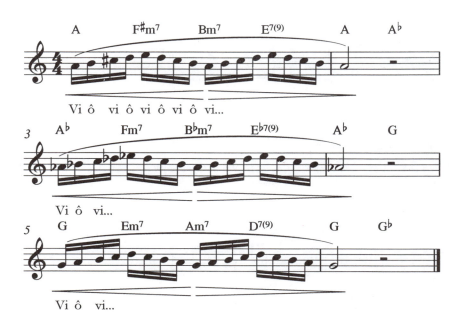

FAIXA 12: Exercício em escala cromática 1

Segue subindo em semitons até o trecho abaixo, finalizando no tom inicial.

FAIXA 13: Exercício em escala cromática 2

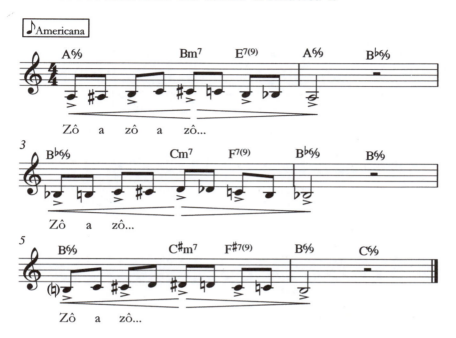

Segue subindo em semitons até o trecho abaixo, finalizando no tom inicial.

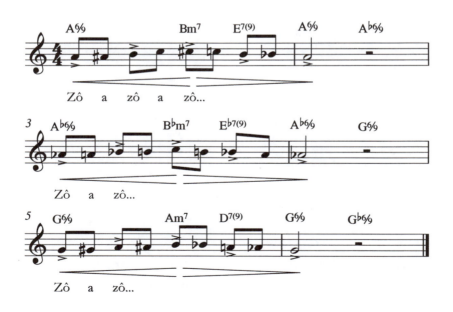

FAIXA 14: Exercício melodioso *legato*

Segue subindo em semitons até o trecho abaixo, finalizando no tom inicial.

FAIXA 15: O mesmo vocalize anterior, para que você cante sozinho, apenas com o acompanhamento do *playback*.

FAIXA 16: **Exercício melodioso** *staccato*

Segue subindo em semitons até o trecho abaixo, finalizando no tom inicial.

FAIXA 17: O mesmo vocalize anterior, para que você cante sozinho, apenas com o acompanhamento do *playback*.

FAIXA 18: Harmonia vocal feminina com trecho da canção ALMA DE AMIGO (Ziza Fernandes / Arranjo: Alexandre Malaquias; adaptação: Polyana Demori)

FAIXA 19: Harmonia vocal masculina com trecho da canção ALMA DE AMIGO (Ziza Fernandes/ Arranjo: Alexandre Malaquias; adaptação: Polyana Demori)

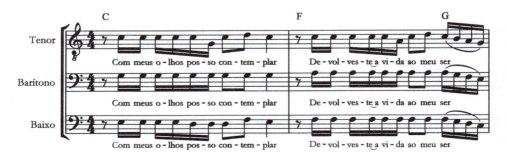

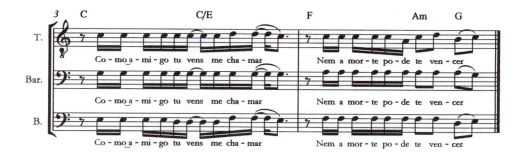

FAIXA 20: Harmonia vocal masculina e feminina (mista) com trecho da canção ALMA DE AMIGO (Ziza Fernandes / Arranjo: Alexandre Malaquias; adaptação: Polyana Demori)

FAIXA 21: Arranjo vocal para mulheres. Canção inédita Aventuremos a vida (Ziza Fernandes / Arranjos: vocal – Polyana Demori; instrumental – "Boyna")

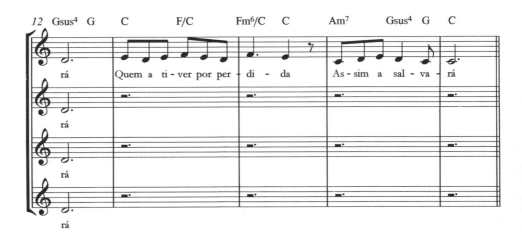

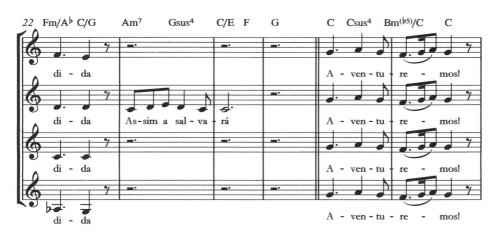
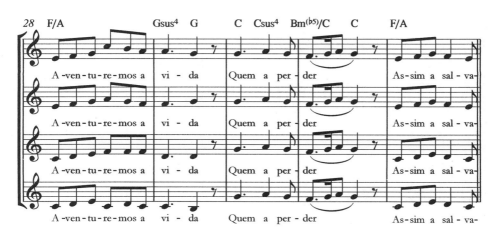

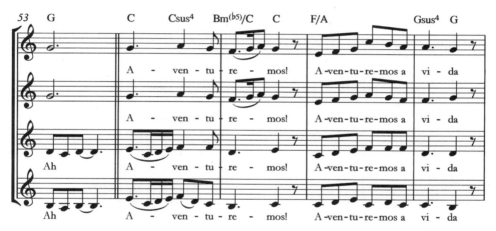
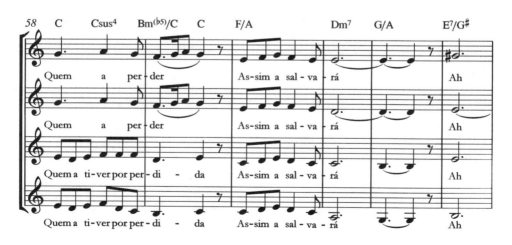

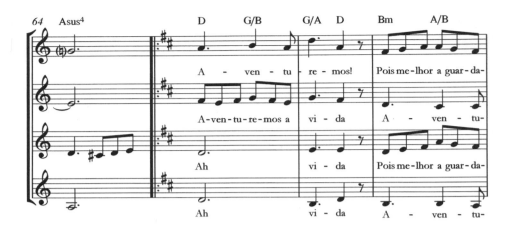

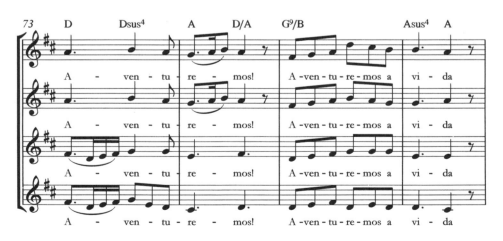

FAIXA 22: ORAÇÃO DE DESPEDIDA

FAIXA 23: *Playback* **da canção** ASAS DO QUERER (**Ziza Fernandes**)

Ficha técnica do CD

Produzido pelo Escritório Ziza Fernandes para Paulinas Editora
Direção artística: Ziza Fernandes
Produção executiva: Andréa Arantes

Música: "Asas do querer"
Arranjo e teclados: Alexandre Malaquias
Violão: Adeildo Lopes
Arranjo vocal: Polyana Demori
Interpretação: Vocal Ellas! (Ziza Fernandes, Aline Souza, Elizabeth Lopes e Polyana Demori)
Técnicos de gravação: Pepeu e Vagner Cavalcante
Gravação e mixagem: Estúdio Paulinas-COMEP
Masterização: Ednilson Orsi (Paulinas-COMEP)

Música: "Alma de amigo"
Arranjo: Alexandre Malaquias
Bateria: Albino
Contrabaixo: Pedro Ivo
Teclados: Jota Resende
Guitarras e violões: Edson Guidetti
Arranjo vocal: Polyana Demori
Interpretação nas vozes femininas: Ziza Fernandes, Aline Souza e Elizabeth Lopes
Vozes masculinas: Fernando Gumiero, Tiago Amorim, Cícero Gava e Paulo Henrique Janandré
Técnicos de gravação: Pepeu e Vagner Cavalcante
Gravação e mixagem: Estúdio Paulinas-COMEP
Masterização: Ednilson Orsi (Paulinas-COMEP)

Música: "Aventuremos a vida"
(Arranjo gentilmente cedido pelas irmãs da
Copiosa Redenção do disco "Almas Esponsais")
Arranjo, violões e guitarra: Alexandre Pivato "Boyna"
Bateria: Alexandre Aposan
Contrabaixo: Fábio Aposan
Teclados: Alexandre Malaquias
Arranjo vocal: Polyana Demori
Interpretação: Vocal Ellas! (Ziza Fernandes, Aline Souza, Elizabeth Lopes e Polyana Demori)
Copista: Polyana Demori
Execução instrumental dos exercícios: Osiel Fonseca
Execução vocal dos exercícios e locução: Ziza Fernandes
Gravação, mixagem e masterização: Leonardo Beltrão
Gravado, mixado e masterizado: Estúdio Beltrão

Glossário

Adução: movimento de aproximar um membro ou parte dele ao plano mediano dele próprio.

Arco respiratório: desenho imaginário para ser projetado no espaço o trajeto do ar expirado.

Ataque vocal: refere-se ao início da produção da voz; é o momento em que as pregas vocais se encontram para a produção do som.

Caixa torácica: é a estrutura de ossos e músculos do tronco que abriga os pulmões e o coração.

Cavidades de ressonância: são fundamentais para a produção do som. Elas se ajustam como se fossem um alto-falante natural formado pela laringe, faringe, boca e nariz. As cavidades de ressonância amplificam o som, que é muito fraco quando sai de sua fonte. A caixa de ressonância da voz compreende o tórax, a laringe, as fossas nasais, os sínus frontais e a cavidade bucal.

Coloratura: estilo floreado de canto, especialmente no registro superior da voz de soprano.

Costelas flutuantes: denominadas undécima e duodécima, não se articulam com o esterno.

Diafragma: músculo em forma de guarda-chuva aberto, que separa a cavidade torácica da abdominal.

Diafragma pélvico: músculo da região pélvica.

Emissão vocal: (emissão falada) é constituída de ajustes empregados pelo aparelho fonador para a produção da fala. É a aplicação sistemática e metódica da expiração.

Esfíncter velo-faríngeo: estreitamento decorrente das contrações e elevação do véu do paladar de encontro à parede da faringe, separando a orofaringe da rinofaringe.

Esfíncter: músculo anular, que serve para fechar ou abrir um orifício.

Esqueleto cartilaginoso: é constituído de cartilagem.

Expiração: é a segunda fase do ciclo respiratório, o que corresponde à expulsão do ar dos pulmões; é durante a expiração que emitimos a voz.

Faringe: cavidade entre a boca e o esôfago, importante na ressonância do som, pois conduz o ar para a boca e as fossas nasais.

Fenda em ampulheta: fechamento incompleto das pregas vocais durante a vibração em forma de ampulheta, em que parte das pregas se aproximam mais da região mediana delas, formando uma "ampulheta".

Fenda glótica: fechamento incompleto das pregas vocais durante a vibração.

Fisiologia: é a ciência que trata da vida com relação às suas funções; é o fenômeno do grande laboratório dos organismos. Refere-se ao estudo dos organismos considerados em sua atividade, em contrapartida com a anatomia, que considera os organismos em repouso.

Fonoterapia: trabalho de reabilitação no que diz respeito à produção fonatória.

Glote: espaço existente entre as cordas vocais, pelo qual passa o ar. É a abertura da laringe circunscrita pelas duas cordas vocais inferiores.

Impostação ou colocação: ato ou efeito de impostar, colocar a voz. O trabalho para a perfeita colocação da voz consiste na aquisição de uma perfeita postura do corpo e de atitudes fisiológicas do aparelho fonador e das cavidades de ressonância, resultando na produção de uma voz perfeita, bela e resistente, com um dispêndio mínimo de esforço e energia.

Laringe: órgão em forma de tubo, que contém as cordas vocais; é composta por cartilagens e músculos e situa-se na parte superior da traquéia.

Mecanismo laríngeo: forma de a laringe trabalhar.

Músculos constritores: altos e delgados, são formados por fibras transversais ou oblíquas e têm por função, como seu nome indica, estreitar a faringe.

Músculos extrínsecos: são os incumbidos de movimentar a laringe como um bloco e exercem sua ação principalmente por ocasião da deglutição.

Músculos intrínsecos: inserem-se nas cartilagens da laringe e desempenham sua função na fonação.

Nódulos fribóticos: popularmente denominados de calos nas cordas vocais, são lesões de massa bilaterais, benignas, desenvolvidas na superfície das pregas vocais por uso incorreto ou abusivo da voz. A sua ocorrência é mais comum no sexo feminino.

Órgãos vocais: (órgãos fonoarticulatórios) conjunto de órgãos responsáveis pela produção da voz e articulação da palavra.

Parede torácica: parede frontal do tórax.

Pavilhão bucal: espaço interno da boca.

Percepção proprioceptiva: (propriocepção) o conhecimento que o indivíduo tem de seu próprio corpo, voltando sua atenção para a tonicidade muscular geral.

Posição fonatória: momento da emissão da voz. Para cantar, o cantor deve se colocar em posição fonatória.

Pregas vocais: duas dobras de músculo e mucosa, localizadas nas bordas livres da laringe, uma de cada lado. Quando vibradas, produzem fonemas sonoros.

Região púbica: região onde se localiza o púbis.

Ressonância: vibração que surge em corpos ou cavidades estimulados por determinadas freqüências sonoras. No caso da voz, a boca, a faringe, as fossas nasais e os seios paranasais constituem cavidades de ressonância importantes para determinar a qualidade e a projeção da fala. É um processo de amplificação de determinados grupos de som e de amortecimento de outros e significa, como diz a própria palavra, um aumento das vibrações aéreas.

Seios da face: "maçã" do rosto.

Timbre: qualidade ou cor do som, característico de um instrumento ou de uma voz. É determinado pelo número e intensidade dos sons harmônicos coexistentes com o som fundamental.

Traquéia: canal que estabelece a comunicação entre a laringe e os brônquios e serve de passagem ao ar durante a inspiração e a expiração.

Ventrículo: escavação escafóide (em forma de casco de barquinho), localizada entre as pregas vestibulares e as vocais, uma de cada lado, nas paredes laterais da glote.

Vestíbulo laríngeo: é a parte localizada acima das pregas vestibulares (pregas vocais falsas).

Véu palatal: (véu palatino) lâmina móvel membranosa e muscular, que se inicia a partir do palato anterior, quase horizontal, que pertence à boca. Também denominado de "diafragma" faringo-bucal, que é, juntamente com os músculos, responsável pela respiração no ato da emissão.

Voz inculta: atividade vocal não desenvolvida pela técnica.

Voz "soprosa": voz com escape de ar não sonorizado, ocasionada pelo fechamento incompleto das pregas vocais durante a vibração; é geralmente o resultado de técnica incorreta ou de muita tensão durante a emissão.

Zona palatal: região do palato.

Bibliografia

BLOCH, Pedro. *Sua voz e sua fala*. Rio de Janeiro, Bloch Editores S.A., 1979.

CASTRO, Sebastião Vicente de. *Anatomia fundamental*. 2ª ed. São Paulo, McGraw-Hill do Brasil, 1978.

COOPER, Morton. *Vencendo com a sua voz*. Tradução de Ibrahim Salum Barchin et al. São Paulo, Manole, 1990.

DELANNO, Cris. *Mais que nunca é preciso cantar*. 1ª ed. Rio de Janeiro, 1999.

DINVILLE, Claire. *A técnica da voz cantada*. Tradução da 2ª ed. Original e prefácio da edição brasileira Marjorie B. Couvoisier Hasson. Rio de Janeiro, Enelivros, 1993.

GAYOTTO, Lucia Helena. *Voz, partitura da ação*. São Paulo, Summus, 1997.

MOREIRA, Pedro Lopes. *A ciência do canto*. São Paulo, Irmãos Vitale Editores, 1945.

NOUWEN, Henri J. M. *A voz íntima do amor;* uma jornada através da angústia para a liberdade. Tradução de Sonia S. R. Orberg. São Paulo, Paulinas, 1999.

PETRY, Rode Mary. *Educação Física e alfabetização*. 6ª ed. Porto Alegre, Kuarup, 1993.

PILLAR, Analice Dutra. *Fazendo artes na alfabetização*. 5ª ed. Porto Alegre, Kuarup, 1993.

REVERBEL, Olga. *Oficina de teatro*. Porto Alegre, Kuarup, 1993.

_____ & OLIVEIRA, Sandra Regina Ramalho e. *Vamos alfabetizar com jogos dramáticos*. Porto Alegre, Kuarup, 1994.

RUSSO, Ieda; BEHLAU, Mara. *Percepção da fala*; análise acústica. São Paulo, Lovise, 1993.

Sumário

Apresentação 9

Introdução 11

1. Estudar canto é uma opção de amor 13

2. Voz é expressão da vida 17

3. A imagem que tenho de mim quando canto 19

4. Vaidade é algo estranho… 21

5. Musicalidade na vida de um cantor 25

6. Ingredientes para estimular a musicalidade de um cantor 27

7. Por que alguns cantores sempre cantam do mesmo jeito? 29

8. Musicalidade: andando em boa companhia 31

9. Dicas para melhorar a musicalidade 33

10. Como produzimos a voz? 35

11. A voz é única: nossa "digital sonora" 37

12. Quem guardou a voz dentro de nós? 39

13. O que são pregas vocais? 45

14. A voz é um encontro a dois 47

15. Como ficar tranqüilo para cantar e comer arroz? 49

16. A elegância, assim como a respiração, é transparente 53

17. Exercícios de respiração 57

18. Mais exercícios de respiração 59

19. Cuidados com a higiene vocal 61

20. Hábitos negativos de um cantor 65

21. Hábitos saudáveis de um cantor 67

22. Dúvidas comuns 69

23. Entrevista sobre a voz na Igreja (1) 73

24. Entrevista sobre a voz na Igreja (2) 77

25. Entrevista sobre a voz na Igreja (3) 85

26. Entrevista sobre o canto na Igreja (1) 89

27. Entrevista sobre o canto na Igreja (2) 93

28. Considerações finais 101

29. Guia de estudo do CD didático e partituras dos exercícios 103

Ficha técnica do CD 131

Glossário 133

Bibliografia 137